Haynes

IMPERIAL DEATH STAR

DS-1 Orbital Battle Station

Owner's Workshop Manual

STAR WARS™

スター・ウォーズ
デス・スター計画

［文］ライダー・ウィンダム
［作画］クリス・リーフ&クリス・トレヴァス
［翻訳］村上清幸

辰巳出版

CONTENTS

目 次

HAYNES PUBLISHING

Author Ryder Windham
Illustration Chris Reiff, Chris Trevas
Commissioning Editor Derek Smith
Design Lee Parsons

LUCASFILM LTD

Executive Editor J. W. Rinzler
Art Director Troy Alders
Keeper of the Holocron Leland Chee
Director of Publishing Carol Roeder

STAR WARS
OFFICIAL LICENSED PRODUCT

EXCERPT FROM IMPERIAL COMMUNIQUE

↑ コンセプト段階における「デス・スター」の設計図。スーパーレーザーが球体の赤道上に配置されているのが分かる。この設計図は、ヤヴィンの戦いの後、惑星ガルヴォニIIIの帝国通信施設から反乱軍エージェントが盗み出したデータの中から見つかった。なお、これらデータはインペリアル・スキマティック・デザイン・システムというコンピューター・プログラムを使って作られたものである。

#001044.92V 『帝国公式声明#001044.92V』より抜粋

送付先：パルパティーン皇帝陛下

送付元：セスウェナ・セクター、
エリアドゥ総督　ターキン

用件：銀河帝国における安全保障の強化策

▶皇帝陛下、陛下の御宣言されましたニュー・オーダー（新秩序）の維持に関し、私なりに熟慮しました結果、お恐れながら以下について御検討頂きたく存じます。新秩序の維持には大衆を圧倒し、恐怖せしむる、強烈に巨大な象徴たる何かがひとつ必要であると考えます。いわゆる一般市民というものは数字や計算には疎いものです。一例としてスター・デストロイヤーをあげるならば、スター・デストロイヤーが与えうる効果はそれが持つ大火力以上に、その巨大なるサイズからも生じているといえるでしょう。一般帝国民がスター・デストロイヤーを見る時、彼らはこう思うのです、これと戦うには何機の宇宙艇が必要なのだろうか？　と。そして問題に論理的に取り組むことを放棄し、すぐに思考を停止するのです。ダメだ、こんなものに歯向かうのはただの自殺行為だ、と。

象徴的なものに弱く、理性的に分析する力など皆無、という一般市民の持つ、この普遍的傾向をうまく利用しない手はありません。そして、これをさらにもう一歩押し進めるとき、私には見えてくるものがあるのです。もし、歯向かう者をことごとく粉砕せしむる「超巨大」「超重武装」「無敵の戦闘機械」の形容がふさわしい兵器をこの銀河に提示することができれば、それこそは我が帝国の象徴足り得ないだろうか、と。1千個の惑星を服従させるに必須たるは、たった数機の、いや、たった一機のかくの如き兵器なのです。当該超兵器が有すべき装備としてはまず、一星系全域に派兵が可能な規模の兵力であり、そして次には惑星ひとつを壊滅させうる火力であると考えます。その兵器が与える恐怖はあまりに絶大であるため、恐怖の力だけで充分に銀河を支配することも可能であり、陛下自身の選出による総督に、陛下自らが命を下して地域統治を行うことも可能となります。とすれば、元老院の存在意義などどこにありましょう。旧共和国の残滓など一掃されるべきです。そして、恐怖——我々の究極兵器による恐怖——こそが銀河を律し、支配する力となるのです。

陛下の御許可が下り次第、私にはすぐにでも上記の提言を実行に移す用意ができております。

#001044.92V

送付先：グランドモフ・ターキン

送付元：帝国諮問委員　アース・ダンガー

用件：ターキン・ドクトリン

▶良き僕よ、お前の状況把握は実に的確である。件の提言はすべて、ターキン・ドクトリンと公式に銘打たれる予定の政策方針に組み込まれよう。理想主義的な政府機関があればなどと夢想することなく、恐怖という現実的手段によって、統治を行うというお前の考え方に皇帝陛下は甚く感心されたようだ。以上の理由により、今よりお前に以下の称号および付随するすべての権限を与えることとする。

▶お前は今からグランドモフ・ターキンとなる。帝国のニュー・オーダーにおけるグランドモフたる役職の第1号である。

▶お前はオーバーセクター・アウターの完全なる権力と支配力を有する。オーバーセクター・アウターとはアウター・リム（外縁領域）に属するほぼすべてのセクターを意味する。

▶お前が発案した恐怖を体現する究極兵器の設計および建造——コード・ネーム「デス・スター計画」においては、完全なる極秘として実行すること。

▶デス・スター計画における秩序と安全を維持するため、お前に4つのセクター・グループを監督および指揮する権限を与える。

皇帝陛下は御満悦である。グランドモフ・ターキンよ、陛下の期待を裏切らぬ様これからも精進せよ。

#001044.92V

THE HISTORY OF THE DEATH STAR

デス・スターの歴史

デス・スターの歴史はヤヴィンの戦いのおよそ30年前に、宇宙船エンジニアのレイス・サイナーが「エクスペディショナリー・バトル・プラネトイド（長距離移動型戦闘小惑星）」を構想したことに始まった。全長100キロメートルの巨大な球状のボディを持ち、その両極には小型の球体が付随。コアには大型のターボレーザーが装備されており、惑星ひとつを丸ごと破壊する力を持っている。それが兵器の概要だった。だが、そのようなものを作るには動力に巨大なインプロージョン・コアが必要であり、さらに当時はハイパーマター技術が未熟であったことから、サイナーは自らこれを非現実的な計画であるとして破棄するに至った。

だがその後、彼は自分の中でくすぶり続けていた戦闘小惑星の青写真をある友人に打ち明ける。その人物こそ、惑星エリアドゥ出身の共和国アウトランド・リージョンズ・セキュリティ・コマンダー（アウター・リム治安部隊司令官）、ウィルハフ・ターキンであった。サイナーのアイデアに大きな可能性を見いだし、これが充分に現実的な計画であると確信したターキンは、その後政治の道へ進み、エリアドゥのルテナント・ガバナー（副総督）へと就任した。そして、この兵器の有用性を共和国の指導者である最高議長パルパティーンへ伝え、説いた。

戦闘小惑星を完成させるにはハイパーマター技術に長足の進歩が求められた。これを実現させるため、パルパティーンはエンジニアであり建築家であるベヴェル・レメリスクを超兵器プロジェクトに登用する。プロジェクトがコンセプトから建設プラニングの段階へと進むと、それは惑星ジオノーシスに場所を移して続けられた。レメリスクはそこで昆虫型種族のジオノージアンとチームを組み、兵器の構造と動力原の問題を洗い出した。当時は教多くの惑星が積極的に銀河共和国からの離反を表明する分離主義運動の真っただ中で、ジオノージアンもその一派であった。戦闘小惑星の設計図はジオノーシスの研究施設にあったが、クローン大戦の発端となった戦闘の最中、かつてはジェダイであった分離主義者のリーダー、ドゥークー伯爵と共に設計図は姿を消す。

このクローン大戦では、表面上、パルパティーンとドゥークーはお互いに敵対する勢力を率いていたが、実は両者は共にシス卿であり、仲間であった。ウィルハフ・ターキンは大戦中、共和国宇宙軍将校であったが、彼がこの事実を知っていたのかどうかは謎のままである。大戦終結後もパルパティーンとターキンは「帝国の規律に背くすべての者を永久に沈黙させる兵器」の誕生を目標に掲げ、コードネーム「デス・スター計画」を秘密裡に進めて行った。

ターキンは直径120キロメートルにもおよぶデス・スターの建造を監督した。場所はホーラズ星糸の収容所惑星デスペイヤーの静止軌道上である。資材供給と労働力の問題、予想しなかった技術的困難、そしてサボタージュ活動により、建造には何年もの遅れが生じた。だが、デス・スターはついに完成し、そのレーザーの最初のターゲットをデスペイヤーと定めた。惑星は瞬時に宇宙の藻屑と消え去った。反乱同盟軍はこの超兵器の設計図を盗み出すことに成功し、ヤヴィン4の反乱軍基地にいる技術者に渡すまでには至ったものの、時はすでに遅く、惑星オルデラーンもまたデス・スターによって破壊されてしまう。

帝国の次のターゲットがヤヴィン4であることは疑いようもなく、反乱軍は敵兵器の設計に戦略上の脆弱性がないかを必死に探った。結果、彼らはひとつの欠陥を見つけ出す。それはシールドされていない排熱口だった。反乱軍パイロットのルーク・スカイウォーカーはこの排熱口にプロトン魚雷を打ち込み、これによってデス・スターを破壊することに成功した。

4年後、反乱軍はエンドア星系内に第2デス・スターが建造中であることを確認する。この新たな要塞は単に「恐怖を与える兵器」というだけではなく、緻密に仕組まれたトラップの一部でもあった。第2デス・スターの存在を知れば、反乱軍はまず間違いなく攻撃を仕掛けてくるに違いない、と帝国側は踏んでいたのだ。恐ろしく不利な状況下ではあったが、反乱軍はデス・スターを守っていたシールド発生装置を破壊し、そしてついには要塞本体の破壊に成功したのだ。エンドアの戦いが終わって一月経たない内に反乱同盟単のリーダー、モン・モスマは反乱軍の解体と新共和国の樹立を宣言した。

今日、デス・スターは帝国の圧政の象徴として歴史にその名をとどめているが、この兵器はまた同時に帝国の最大の弱点――「テクノロジーはいかなるものにも勝り、敵対者はゴミのような存在でしかない」という信奉――の体現でもあったといえるのではないだろうか。

← 建造中の第2デス・スターと、その軌道上をパトロールする帝国軍のタイ・ファイター。

TRADE FEDERATION BATTLESHIP トレード・フェデレーション・バトルシップ

レイス・サイナーが脳裏に描いた長距離移動型戦闘小惑星。このコンセプトのみの存在ををいかにして現実の兵器として結実させるのか。ベヴェル・レメリスク率いる技術者チームはその実現化の行程における初期段階において、かつてトレード・フェデレーション（通商連合）が改造を施し、戦艦として活用したルクレハルク級貨物船からそのヒントをつかみ取った。

ルクレハルク級LH-3210カーゴ・ホーラー（貨物輸送船）は元々はホーシュ=ケッセル・ドライブによって製造された宇宙船で、中央の球体の周囲をリングが取り巻くという構造を採用している。遠巻きには直径3キロメートル超のフラットな皿にも見える形状であった。リングの一部は船体の前方部で途切れており、途切れた部分の断面にふたつの大型ドッキング・ベイが表出している。そしてこのドッキング・ベイには前方用のドッキング・クローが装備されている。リングには多くのハンガー・ベイが備わっているが、これらは戦艦に改造される以前の貨物船仕様の時には貨物倉として使われていたものである。中央の球体には巨大コンピューターや多重パワー・システムに加え、小型のハイパーマター対消滅反応炉が備わっており、上部にあるタワーは広い司令艦橋を有している。なお、トレード・フェデレーションのドロイド・コントロール・シップ（ドロイド司令船）としての改造が施された艦にはミリタリー・コントロール・タワーが追加装備されている。

ルクレハルクは実に強力な艦艇ではあったが、貨物船から戦艦への改造が完璧に効果的であったかと問われるなら、そうであったと言い切ることは難しいだろう。リアクター=サポート・アセンブリーは、ハイパーマター主反応炉用の独立型融合反応式トリガーと閉じ込め場発生装置を擁していたが、それらは非常に不安定で危険であった。また、球体部の赤道に沿いには格納型ターボレーザー砲塔群が備わってはいたが、大きな死角をいくつも残してしまっており、敵機が船体に近づいた場合、用意にその死角を突かれてしまうという欠点が存在した。

← トレード・フェデレーションは自前で戦艦を持っており、それらを使って征服目標の惑星を封鎖した。だが、それら戦艦には小型スターファイターの攻撃に対しては防備が薄いという弱点があった。

SPECIFICATIONS 仕様

名称：ルクレハルク級バトルシップ（改造貨物船）
製造：ホーシュ=ケッセル・ドライブ・インク（主契約企業）
全長：3,170メートル（10,400フィート）
亜光速エンジン：レンディリ・スタードライブ・プロトン2（主）、プロトン12（副）
ハイパードライブ：クラス2
ハイパードライブ・バックアップ：クラス10
シールド：装備
ナビゲーション・システム：ナビコンピューター
武装：クワッド（4連）・レーザー砲床　42基
人員：乗員25名（指揮官）、バトルドロイド　139,000体
貨物：5億トン
消耗品：500日分
コスト：非売品（闇市場における価値：40,000,000）

TRADE FEDERATION CORE SHIP トレード・フェデレーション・コア・シップ

ナブーの戦いの後、共和国元老院はトレード・フェデレーションに対して、ドロイド軍を解体し、戦艦を廃棄するよう命じた。トレード・フェデレーションはその命令に一見応じたように見せかけつつ、実際には、艦のセントラル・スフィア（中央の球体）を分離可能なコア・シップへと改造したにすぎなかった。コア・シップは惑星への着陸が可能で対空および対地防衛用武器を装備していた。ジオノーシスの戦いや、そこから広がったクローン大戦全般を通じて使用されたコア・シップだが、トレード・フェデレーションに組みする惑星にはコア・シップ用に特殊なランディング（着陸）・ピットが設置され、保守点検が可能だった。ランディング・ピットにはグラビテーショナル・リフレクター（重力反射装置）が組み込まれているが、これは艦が宇宙空間に退避する際、コア・シップのリパルサーを補助し、ハイパードライブ付きアウター・リングに再びドッキングできるようにするための装置である。クローン大戦後、非常に少数ながらも破壊を免れたトレード・フェデレーション・バトルシップとコア・シップの残存艦艇はコーポレート・セクターへと行き着くことになる。

1. フォワード・コントロール・タワー
2. ドロイド=フィードバック・レクテナ
3. コマンド・ブリッジ・タワー（司令艦橋塔）
4. スキャナー・アレイ
5. ドッキング・リング
6. 赤道ベイ
7. 船殻セクション・カバー
8. リパルサーリフト・サスペンサー
9. ランディング・ギア・リトラクター（着陸脚引き込み装置）
10. フット・パッド

SPECIFICATIONS 仕様

名称：トレード・フェデレーション・コア・シップ
製造：ホーシュ=ケッセル・ドライブ・インク（ベーシック・コア・シップ）、バクトイド・コンバット・オートマタ（ドロイド軍コントロール・コア）
全長：696メートル（2,285フィート）
亜光速エンジン：レンディリ・スタードライブ・プロトン2（主）、プロトン12（副）
ハイパードライブ：なし
ハイパードライブ・バックアップ：なし
シールド：装備
ナビゲーション・システム：ナビコンピューター
武装：ポイント=ディフェンス軽レーザー砲　280基
乗員：トレード・フェデレーション・スーパーバイザー60名、ドロイド・クルー3,000体、メンテナンス・ドロイド200,000体
乗客：大広間に通商代表60,000名を収容可能
貨物：約6千600万トン
消耗品：300日分
コスト：非売品（闇市場における価値：25,000,000）

EYE OF PALPATINE アイ・オブ・パルパティーン

クローン大戦の幕引きとなったジェダイの粛正では、ジェダイ騎士団の多くが虐殺されたが、数十名のジェダイ・ヤングリング(年少の訓練生)が惑星ベルサヴィスに逃げ延びた。そこには数十年前に作られたジェダイの秘密訓練施設「ジェダイ・エンクレイヴ」があったのだ。ジェダイ・エンクレイヴはプラワル断層に設置され、上部は巨大なトランスパリスチール(透明鋼)製ドームで守られていた。プラワル断層とは風によって削られた氷河の間に存在し、地熱で暖められている谷の連なりである。パルパティーン皇帝はジェダイの粛正から間髪を入れずにバトルムーン(自動戦闘衛星)の建造を秘密裏に命じた。戦闘衛星の目的はただひとつ、それはベルサヴィスにいる生き残りのジェダイを一掃することである。戦闘衛星は〈アイ・オブ・パルパティーン(パルパティーンの眼)〉と命名された。

復元された帝国資料によると、パルパティーンは次のように強く主張したとされている。戦闘衛星は見かけ上、クレーターに覆われた小惑星様の外観をとらねばならない。また、このカモフラージュは敵惑星あるいは艦艇からのセンサー・スキャンを欺き、かわすために必要なことである、と。ただし、パルパティーンが戦闘衛星を作る命令を発した時にはすでにデス・スター建造計画は開始されていた。ということは、皇帝は自然物を模した超兵器を作ることにはそれほど強いこだわりはなく、秘密裏に事を進める意味合いの方が強かった可能性がある。また、〈アイ・オブ・パルパティーン〉の存在は、デス・スターを建造するという大きな野望を治世の早期に知られないよう敵の関心をそらす目的もあったのではないか、というのが歴史家たちの共通見解である。プラワル断層の住民のほとんどが子どもだったことを考えると、もし皇帝が彼らを容赦なく殺戮していたら、議会に未曾有の暴動を引き起こしていたかもしれない。

戦闘衛星の設計者は帝国の技術者クラン・ケルダーである。戦闘衛星はロザナとパトリームの2か所の造船施設で建造された。ケルダーはパトリーム星系の小惑星を原材料として利用し、これを巨大エンジンとターボレーザー砲の土台とした。結果、19,000メートル級の兵器が完成したが、その建造費はパルパティーン自らが財政資金を流用して賄ったということである。また、隠匿性をさらに強固にするため、皇帝自らが段取りを行い、〈アイ・オブ・パルパティーン〉用のストームトルーパー部隊は、アウター・リム内のさまざまな惑星から分散して集めた。

このようにして皇帝によって周到に計画された戦闘衛星だったが、ストームトルーパー部隊が衛星に乗り込む前に、ふたりのジェダイによってその機能を止められてしまう。ベルサヴィスの住民は避難に成功し、激怒した皇帝はアイ・オブ・パルパティーン計画の責任者の多くを投獄するに至った。それから3年近くが経ったころ、銀河のワイルド・スペース領域にあるムーンフラワー星雲の小惑星帯で眠りについていた〈アイ・オブ・パルパティーン〉が確認され、さらにエンドアの戦いから8年後には、戦闘衛星を発見したルーク・スカイウォーカーと2名のジェダイ訓練生が協力して、これを破壊した。

↓〈アイ・オブ・パルパティーン〉は多数のクレーターを有した岩石の地表を持つため、ムーンフラワー星雲の小惑星帯の中で何十年もの間、誰にも気付かれることなく漂い続けていた。

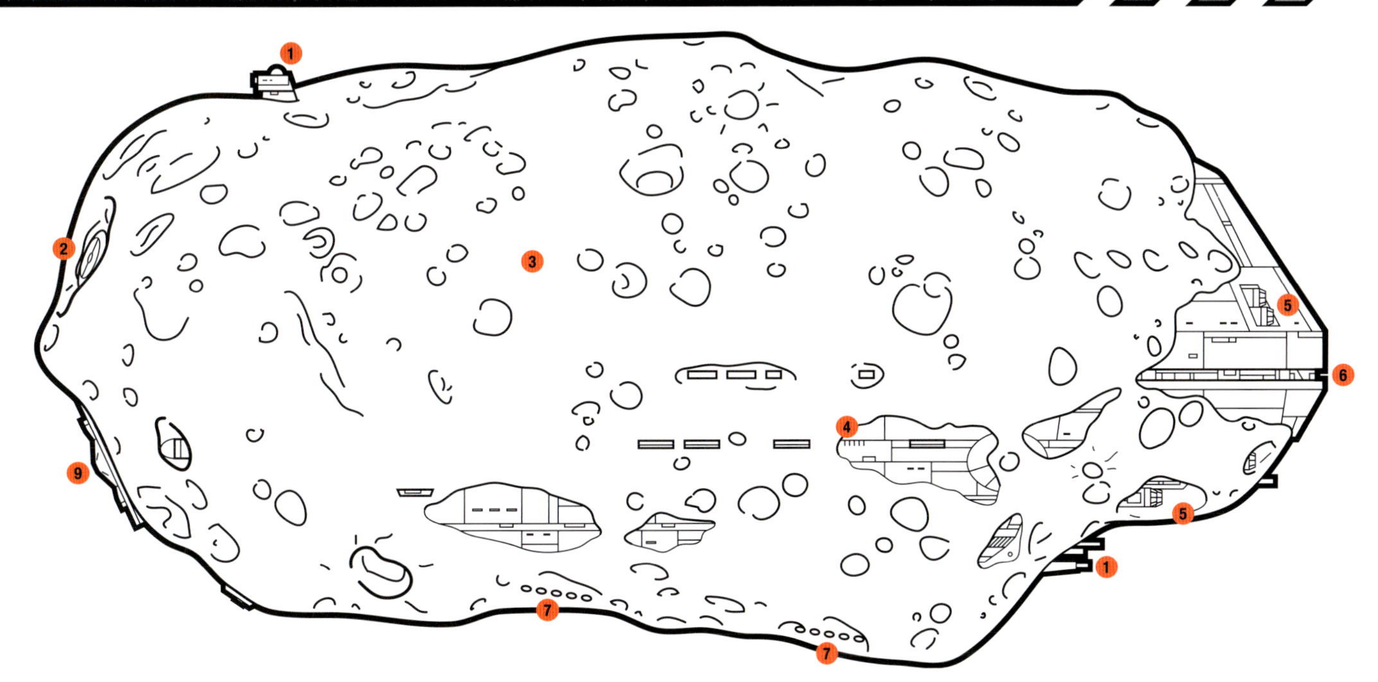

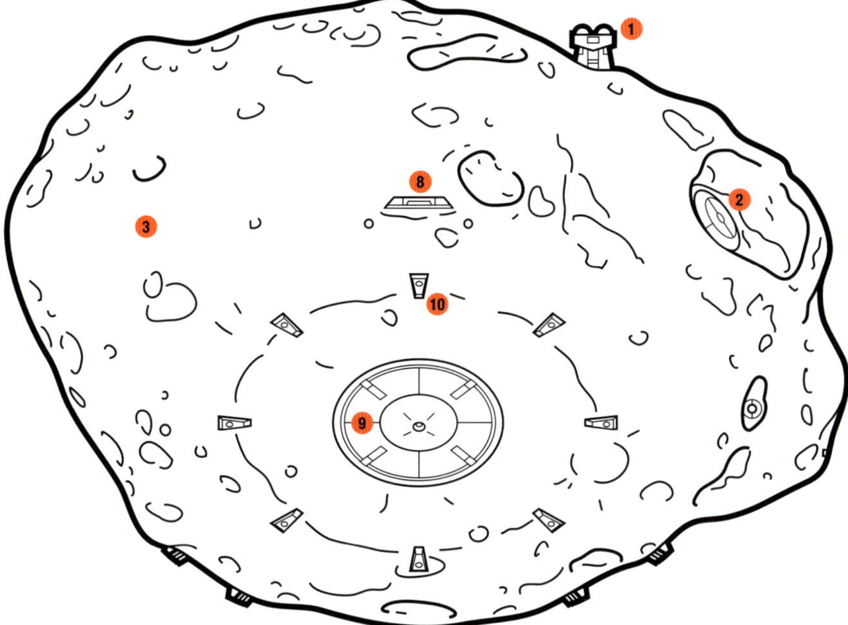

1. ディフレクター(偏向)・シールド発生装置
2. ソーラー・アレイ
3. 中空の小惑星シェル
4. ハンガー・ベイ
5. 亜光速エンジン
6. ハイパードライブ
7. 背部ターボレーザー砲塔群
8. メイン・ブリッジ(主艦橋)
9. レーザー照準ビーム照射装置
10. 前部集中用ターボレーザー群

↓銀河帝国皇帝パルパティーン

SPECIFICATIONS 仕様

名称:アイ・オブ・パルパティーン
タイプ:無人戦闘衛星
製造:ロザナ・ヘビー・エンジニアリング
全長:19,000メートル
ハイパードライブ:クラス5
ハイパードライブ・バックアップ:クラス20
シールド:マー=ソン　ガーディアン級シールド発生装置
ナビゲーション・システム:アドバンストAIナビコンピューター
武装:ターボレーザー砲
人員:乗員なし(無人)、インペリアル・ストームトルーパー
貨物:不明
消耗品:90日分(推定)
コスト:不明

TORPEDO SPHERE トーピード・スフィア

ロロナー・ディフェンス・インダストリーズが帝国のために作り上げた包囲攻撃特化型プラットフォーム「トーピード・スフィア（魚雷球）」は惑星防衛シールドを突破するという単一目的のために設計された兵器である。トーピード・スフィアの主武装は500基のプロトン魚雷管だ。これら魚雷管は逆円錐形に配置され、これによりすべての魚雷ランチャーが単一のターゲットに対して同時に魚雷を発射できる仕組みだ。また、これら発射管の周囲には重ターボレーザー砲塔10基が配置されている。トーピード・スフィアには何千基という専用エネルギー受容装置（DER）が組み込まれており、これがエネルギー・シールドの放射を分析する能力を有しているのだ。惑星シールドというものは均一に展開されていることはまずあり得ず、出力偏差や変動があるのが常である。攻撃時にはトーピード・スフィアが惑星の軌道上に移動し、DERを稼働させて、惑星防御シールドの弱い箇所を探し出す。シールドの弱い箇所といっても通常は20パーセント以上の出力低下を示していたり、広さとして6メートル四方以上あることは稀といえるが、とはいえ充分に脆弱なエリアであることには変わりない。

トーピード・スフィアのセンサーには惑星に張り巡らされたシールドすべてを突破する能力はない。よってトーピード・スフィアの乗員がシールド発生装置の場所を特定する唯一の方法はパワー・ウェーブ（出力波）を調べてそれらの発信元を探し出すというものとなる。

トーピード・スフィアの規模になると、武器を自動でファイヤー＝リンク（同期および同時発射）させることができない。そのため、複数の魚雷発射管を百名以上いる重火器専門の技士が注意深く調整する必要がある。惑星シールドのウィーク・ポイントを探し出し、特定の場所を攻撃するための計算をするには数時間を要するが、この時間のかかるプロセスがネックとなり、惑星のようにほぼ静止している目標以外を狙って魚雷をファイヤー＝リンクさせることはまず不可能である。ただし、目標が宇宙船サイズのものであれば、通常の武器コントロール・システムを利用することで魚雷を撃つことは可能だ。だが、その場合、同時発射が可能なのは50基となっている。

惑星シールドのウィーク・ポイントの探知が完了すると、技士らはその一点を目がけ、タイミングを合わせてプロトン魚雷を一斉発射する。そしてこれに続き、今度は惑星防衛シールド発生装置を狙って、ターボレーザー群が一斉に火を噴く。惑星シールドが無効化される時間が数ミリ秒以上になることは稀であるため、最初の攻撃でシールドを破壊できなければ、プロセスを一からやり直す必要がある。

帝国士官の中には、トーピード・スフィアの卵形の形状とそれが持つ大火力を見て、これを「ミニチュア・デス・スター」と形容したがる者もいた。トーピード・スフィアには惑星ひとつを丸ごと破壊する能力はないにしても、恐るべき兵器であることは確かであろう。現在、6隻のトーピード・スフィアが現役で稼働中である。

帝国がすべてのトーピード・スフィアを制御下に置く一方、パルパティーン皇帝は惑星軌道上からプロトン魚雷爆撃を受けた際、惑星を防御することのできる強力なシールド発生装置をコルサントに配備した。

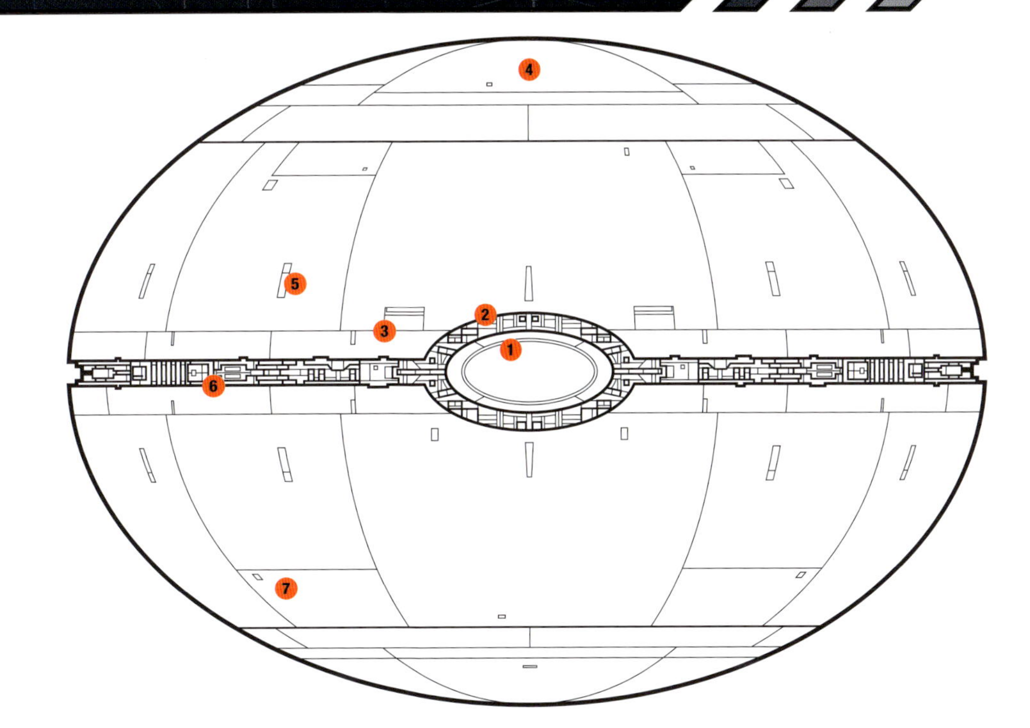

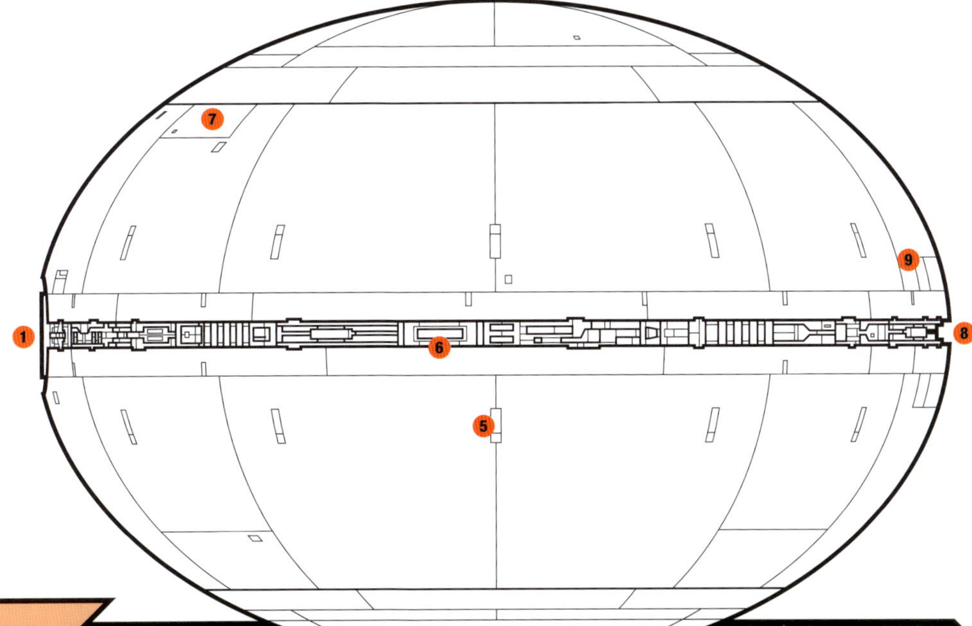

1. 魚雷発射管アレイ
2. ターボレーザー砲塔
3. ディフレクター・シールド発生装置
4. メイン・ブリッジ
5. 専用エネルギー受容装置
6. ハンガー・ベイ
7. センサー・アレイ
8. 亜光速エンジン
9. ハイパードライブ

SPECIFICATIONS 仕様

名称：トーピード・スフィア
タイプ：特殊包囲プラットフォーム
製造：ロロナー・ディフェンス・インダストリーズ
全長：1,900メートル
ハイパードライブ：クラス3
ハイパードライブ・バックアップ：クラス18
シールド：ロロナーDS13プロジェクター(複数)
ナビゲーション・システム：サイナー・フリート・システムズ・ナビコン
ピューター
武装：ターボレーザー砲塔10基、プロトン魚雷発射管500基
人員：乗員61,245名、砲手2,030名、兵員8,540名
貨物：不明
消耗品：4年分
コスト：非売品(建造費不明)

THE TARKIN ザ・ターキン

反乱同盟軍はヤヴィンの戦いにおける勝利を宣言したが、それがデス・スターの時代を終わらせたわけでは決してなかった。パルパティーン皇帝はすでに第2デス・スター建造命令を発しており、さらにクワットとビスでは2艦の超巨大戦艦エクリプス級スーパー・スター・デストロイヤーの建造が始まっていた。これらエクリプス級には艦船搭載型の新型スーパーレーザーが装備される予定であったが、このスーパーレーザーのテスト・ベッドとして、実戦配備可能な別の試作兵器を開発するようベヴェル・レメリスクは皇帝から命を受けた。これには新型砲の技術テスト以外に、反乱軍の注意を第2デス・スターに向けさせないようにする戦略的な意味合いが込められていた。その結果、誕生したのが〈ザ・ターキン〉である。この兵器は戦死したグランドモフ・ターキンにちなんで名付けられた。

レメリスクのチームの大半はこの仕事が試作機の設計だとは知らされず、〈ザ・ターキン〉が正式な戦闘要塞であると信じ込まされていた。チームはデス・スターの主砲であり、その代名詞でもあるスーパーレーザーを再現し、運用に必要と思われる巨大エンジン一式と防御シールド発生装置を取り付けることにした。今回、排熱口が露出するという欠陥は排除された。初代デス・スターはこの弱点を突かれて反乱同盟軍に破壊されてしまったのだから当然であった。

〈ザ・ターキン〉はパトリーム星系の駐屯惑星ホッカレッグの軌道上にあるドライ・ドックで、帝国軍提督ノッド・ウォーフィールドの監督下、密かに建造が行われた。この試作機に搭載されたスーパーレーザーは、そのころ、皇帝からクローキング（透明化）技術の開発を任されていた帝国軍大提督、マーティオ・バッチの関心を引くことになる。かつては一般的であった宇宙船用クローキング装置だったが、装置に必要不可欠のスティジアム・クリスタルがドレイトン星雲内のアウター・リム領域にある惑星アーテンIIの鉱山から枯渇してしまったため、現実的にはこの技術を使うことができなくなっていた。そこでバッチは考えた。スーパーレーザーでアーテンIIごと完全に粉砕してしまえば残りのスティジアム・クリスタルを搾り取れるのではないか、と。そして彼はそれを実行に移した。これによって何千というスティジアム・クリスタルが出現し、大提督はまんまとそれらの回収に成功したのであった。

〈ザ・ターキン〉が追加の改装およびテストを行うためにホッカレッグのドックに戻ると、スパイ任務でパトリーム星系にいた反乱同盟軍士官、マラバ・テヴがこれを発見することになった。テヴは〈ザ・ターキン〉の設計回路図を入手、これによって反乱軍攻撃チームはこの巨大兵器内部への侵入に成功する。このチームにはプリンセス・レイアが加わっていた。彼女はスーパーレーザーの起動装置に細工を施し、2本のワイヤーを入れ替え、砲の発射コントロールの極性を反転させた。チームが〈ザ・ターキン〉を脱出すると、帝国軍はレイアたちの宇宙船にスーパーレーザーの照準を合わせた。だが、砲は妨害工作の結果として暴発し、〈ザ・ターキン〉は自壊することになったのである。

デス・スターにおけるグランドモフ・ターキンの姿。デス・スターも〈ザ・ターキン〉も、システム調査&公共事業部門から流用した資金が建造費に充てられた。

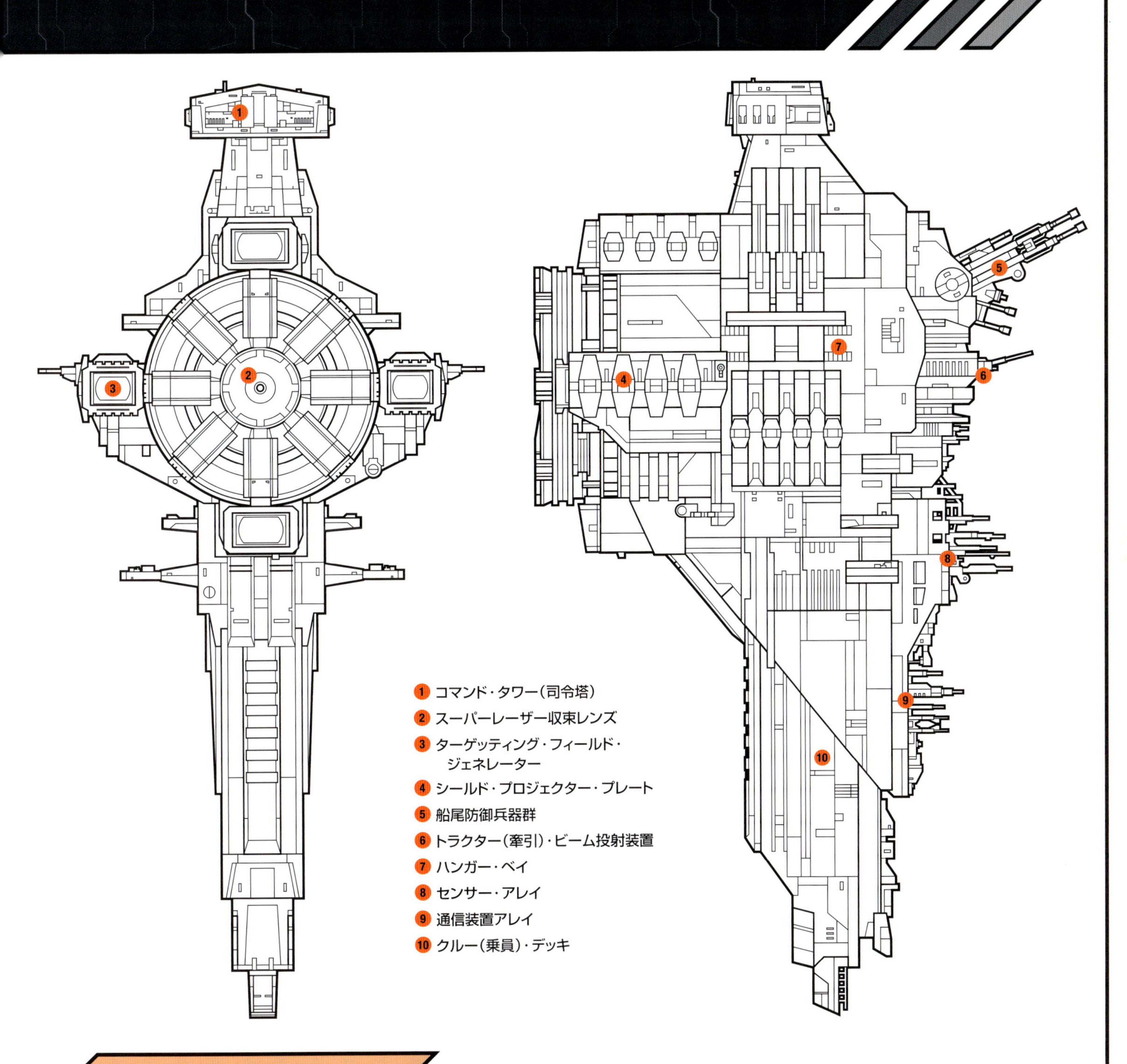

SPECIFICATIONS 仕様

名称：ザ・ターキン
タイプ：戦闘要塞
製造：帝国軍事研究部門
全長：42キロメートル
全高：70キロメートル
ハイパードライブ：クラス4
ハイパードライブ・バックアップ：クラス20
シールド：ボーステル・ギャラクティック・ディフェンス・フィールド・ジェネレーター(複数)
ナビゲーション・システム：サイナー・フリート・システムズ・ナビコンピューター
武装：スーパーレーザー
人員：乗員43,863名(操縦員35,705名、砲手8,158名)、その他105,417名
消耗品：2年分(推定)
コスト：不明

KEY PERSONNEL プロジェクト主要メンバー

GRAND MOFF TARKIN グランドモフ・ターキン

惑星エリアドゥに生を受けたウィルハフ・ターキンはアカデミーを卒業後、リパブリック・アウトランド・リージョンズ・セキュリティ・フォース（共和国アウター・リム治安部隊）に入隊し、エリアドゥやアウター・リム周辺の海賊行為の鎮圧ですぐに評判を高めた。ターキンはここで司令官の地位にまで登り詰めた後、政界へと転身すると、エリアドゥの副総督となる。やがてパルパティーン議員が最高議長として選出されると、ターキンは政界が大きな転換点を迎えたことを認識し、パルパティーンに対し、自らを最高議長の最も熱心な支持者のひとりであるということをそれとはなしにアピールする行動をとり始めた。

ターキンは技術者レイス・サイナーの知己を得、彼から「長距離移動型戦闘小惑星」のアイデアを耳にした後、それをパルパティーンに伝える。すると、議長はこの兵器に多大なる興味を示した。クローン大戦中、ターキンはセスウェナ・セクターの総督だったが、皇帝の座に就いたパルパティーンはターキンを帝国で最初のセクター総督に任命し、それに伴うモフの称号を彼に与えた。

ターキンはのちにターキン・ドクトリン（政策）を考案する。これは帝国公式声明#001044.92Vとして知られる政策提言であるが、帝国における安全保障の強化と秩序の維持についてまとめたものであった。これには「歯向かう者をことごとく粉砕せしむる『超巨大』『超重武装』『無敵の戦闘機械』」という超兵器に関する記載があり、この兵器の存在が「単に力によって支配するのではなく、力が持つ恐怖によって支配する」という方針の土台を形成した。

パルパティーンはこの提案の直後にターキンを帝国初のグランドモフに任命し、サイナーが考え出した超兵器、つまり、のちのデス・スターの建造を監督するよう命を下した。

RAITH SIENAR レイス・サイナー

裕福な実業家の一家に生まれたレイス・サイナーはリゴヴィアン技術大学で教育を受け、エンジニアおよびハイパースペース探検家となった。サイナーは何十という新たなハイパースペース・レーンを星図化し、アンノウン・リージョン（未知領域）における開発可能な星系を発見すると、20歳までにひと財産を築き上げた。

サイナーはサイナー・デザイン・システムズを設立し、さらには秘密組織、アドバンスト・プロジェクツ・ラボラトリーも立ち上げる。彼は裕福な顧客を対象として、特注契約に特化して宇宙船の設計を行った。だが、最終的には一族の経営する最も実入りのいいサイナー・テクノロジーズのCEOに就任した。想像性に溢れ、あらゆる観点から見て一流のエンジニアであったサイナーは、他者が犯したミスからインスピレーションを得ることが多かった。ライバル会社が破棄した計画に多額の投資を行い、単純な理由で失敗作の烙印を押されたその斬新な設計アイデアを掘り下げて研究したのである。一方ではダメでも他方では修正次第で使えるようになるモノが多いことを知っていたからだ。例えば、何の変哲もない大量生産型の宇宙船を他に類を見ない高速艇に変えてしまったこともあった。サイナーはこのようにしてイオン・ドライブ技術を限界まで突き詰めると、最初のツイン・イオン・ドライブ（T.I.E.）・スターファイターを生み出した。

サイナーの長年の友人であるウィルハフ・ターキンはサイナー・テクノロジーズと共和国との間を取り持ち、数多くの契約の締結をサイナーに確約した。パルパティーンが皇帝となった後、サイナーはサイナー・テクノロジーズを国営化し、社名をサイナー・フリート・システムズへと変更した。彼のT.I.E.（タイ）技術はインペリアル・タイ・ファイターに活用され、タイ・ボマーなど、数々のバリエーションが生み出されていくことになった。

BEVEL LEMELISK ベヴェル・レメリスク

エンジニアであり建築家でもあるベヴェル・レメリスクはマグロディ電脳研究所の設立者、ナスドラ・マグロディの下で学を修めた。クローン大戦中、レメリスクは高名な技術者、ワレックス・ブリゼックスと共に働き、共和国軍のヴィクトリー級スター・デストロイヤーの設計でブリゼックスを補佐した。パルパティーンが皇帝を僭称するようになると、グランドモフ・ターキンはレメリスクをモー研究所に送り、デス・スター計画のチーフ・エンジニアに任命した。

ターキンを別にすれば、レメリスクはチーフ・エンジニアとして、基本的にはデス・スター建造計画におけるトップの座に就いたといえる。彼は帝国の科学者、フラップ・ラディコンや武器技術者のユーマック・リスと共に、この秘密兵器の開発に何年もの間、従事した。レメリスクはトワイレックの科学者、トール・シヴロンに個人的に協力を要請した。シヴロンは母星ライロスにある研究所でリサーチを続けたが、レメリスクは事を秘密裏に運ぶため、わざと限定的なデータしか送らず、そのためシヴロンは知らぬ間に超兵器開発の片棒を担がされることになった。レメリスクはマスター・オブ・インペリアル・プロジェクツを授与され、デス・スターが完成した後は、トーピード・スフィア計画に従事した。

レメリスクは帝国に対し数多くの貢献を果たしたが、パルパティーン皇帝は、反乱同盟軍に破壊されたデス・スターの設計ミスに関し、レメリスク個人にその責任を負わせた。「レメリスクは帝国権力からの逃亡を図ろうとしたが、最終的には捕まり、処刑された」とする報告も多くなされたが、「ヤヴィンの戦いの後、皇帝はレメリスクを〈ザ・ターキン〉建造の監督官に任命した」という別の報告も存在する。また、「皇帝はレメリスクの才能を買っており、殺してしまうにはあまりにも惜しいと考えていたため、殺さずに拷問を加えることにしていたのだ」という噂も根強い。だが、生きているにしろ死んでいるにしろ、レメリスクの現在の所在は不明となっている。

← 制服に身を包むグランドモフ・ターキン。写真はクローン大戦終結直後のもの。

DEATH STAR PROTOTYPE デス・スター・プロトタイプ

↑ジオノーシスのジオノージアン作戦司令室。デス・スターの設計図は完成しているように見えるが、実は技術的な問題が山積していた。そのため、、帝国軍は稼働可能なプロトタイプを建造しなくてはならなかったのだ。

ターキンがモフからグランドモフに昇進するまでの間に、ジオノージアンが最初に手がけた戦闘要塞デス・スターの建造計画には数多くの不備が見つかっていた。それに加え、情報漏洩やそこかしこで発生するサボタージュのせいで、計画には大幅な遅れが生じていた。ジオノージアンの作った計画を実働モデルへと移行させる作業では、帝国の技術者に何度となく大きな困難が降り掛かった。ターキンは技術者で構成されるシンク・タンクに、設計図を頭の天辺から爪の先まで、くまなく再調査させ、実働可能なデス・スターの試作モデルを建造するよう命じたのである。

このプロトタイプの建造のため、ターキンは、トップ・シークレット扱いとなる研究施設の創設および設置場所を選定。その結果、場所はケッセル近くにあるモー・ブラックホール星団のちょうど中心で、重力的に安定している空間が選ばれた。そこに小惑星を繋いで、中心部に研究所を据えるという構造のモー研究所を建造。最終的にはトワイレックのトール・シヴロンが研究所の管理者として就任し、ナタシ・ダーラ提督が率いる4隻のスター・デストロイヤーがこれを警護した。

デス・スターの設計に問題がないかを調べるため、多くの概念実証部品や理論モデルが試され、性能試験が繰り返された。縮小版のコア・スーパーレーザー砲はウーキーの奴隷労働者によって組み立てられたが、この砲は、骨組みのみの上部構造体——別の言い方をすれば直径120キロメートルのリングの球——の内部に設置された。デス・スター・プロトタ

SPECIFICATIONS 仕様

名称：デス・スター・プロトタイプ
タイプ：戦闘要塞
製造：帝国軍事研究部門
全長／全幅／全高：120キロメートル
全高：70キロメートル
ハイパードライブ：なし
ハイパードライブ・バックアップ：なし
エンジン・ユニット：イオン・エンジン（亜光速航行時のみ）
シールド：ボーステル・ギャラクティック・ディフェンス・フィールド・ジェネレーター（複数）
ナビゲーション・システム：インタープラネタリー・ナビコンピューター
人員：乗員258名、ストームトルーパーおよび砲手
貨物：不明
消耗品：2ヶ月分（推定）
コスト：不明

イプは実戦用兵器として設計されたわけではないため、保守点検や修理用の機械、そして大型コンピューター・コアは設計段階から排除された。また、完全体のデス・スターでは必要となる巨大なハイパードライブ・エンジンも組み込む必要がなかった。よって、プロトタイプの球体の内部に確認できる構成部品は、巨大リアクター(反応炉)・コアと亜光速航行用エンジン、それにプロトタイプ・スーパーレーザーがほとんどすべてであった。コンピューター・システムを備えた小型のコマンド・キャビン(司令室)がスーパーレーザーとドライブ・ユニットをコントロールすることで、乗員数を最小限に押さえることが可能となったのだ。

デス・スター・プロトタイプのスーパーレーザーと初代デス・スター搭載のそれとを比較すると、プロトタイプのものにはいくつかの短所が見受けられる。まず照準システムが不完全のままであった。さらに、スーパーレーザー自体がおそろしくエネルギー食いで、エネルギーを最大まで充填するには数時間を要した。このスーパーレーザーは低出力で発射することも可能だったが、その場合、破壊力は明らかに低下し、目標惑星のコアを破壊して居住不能にする程度のことはできても、一瞬にして塵にするほどのパワーを出すことはかなわなかった。

プロトタイプはその有効性を証明し、フル・スケールのデス・スターの建造がホーラズ星系に場所を移して開始された。ヤヴィンにおけるデス・スターの破壊から11年後、キップ・デュロンら新共和国のエージェントにより、デス・スター・プロトタイプがまだモー研究所の軌道上に存在しており、ダーラ提督麾下の警備隊によって守られていることが確認された。だが、デュロンはこれをブラックホールに引き込むことで破壊に導いた。

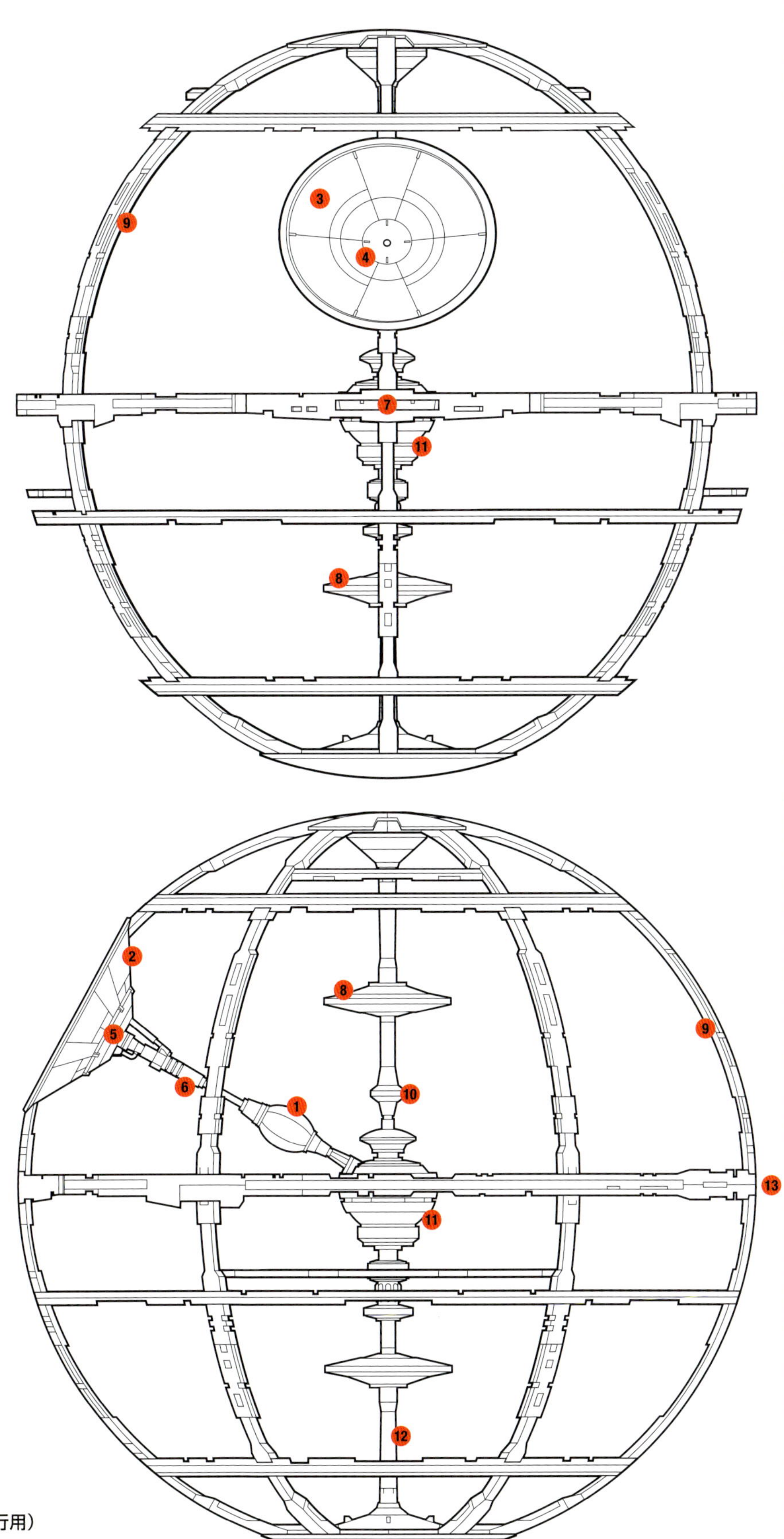

1 パワー増幅システム
2 収束レンズ・フレーム
3 スーパーレーザー収束レンズ
4 増幅クリスタル・プロトタイプ
5 スーパーレーザー出力分配シャフト
6 ハンガー・ベイ
7 コマンド・キャビン
8 リアクター・コア
9 フレーム(支持構造体)
10 パワー・セル・カップリング
11 メイン・リアクター
12 出力分配シャフト
13 イオン・エンジン(亜光速航行用)

DEATH STAR

デス・スター

送付先：アーフル・ヘックストロフォン少佐、事務総長兼マスター・ヒストリアン、同盟軍最高司令部

送付元：ヴォレン・ナアル中尉、アシスタント・ヒストリアン

用件：戦闘要塞デス・スターの概要（修正版）

初代デス・スターの構想と開発は、なにも共和国が帝国へと変貌してからのことではなく、それより何年も前から着々と進行していたことであった。何千という数の惑星を統治するためには、このような超兵器が必要不可欠であると、共和国時代からパルパティーンが考えていたことは疑うべくもない。自らは銀河全域の民から尊ばれると同時に徹底的に畏怖される存在であらねばならないと考えていた皇帝は、あらゆる惑星防衛システムを突破し、強大なパワーによる一撃によって惑星ひとつを粉砕する力をデス・スターに持たせることを要求したのである。

デス・スターは一本の赤道トレンチで北半球と南半球に分割することができる。そして各半球はさらに12のゾーンに分かれ、トータルで24のゾーンができあがる。各ゾーンはひとつひとつが小さな戦闘要塞とでもいうべきもので、独立したフード・レプリケーター（食料配給施設）、ハンガー・ベイ、監房区画 、医療センター、武器庫、司令センターを備えている。北半球にはスーパーレーザーが設置されているが、その威力は、1発が帝国艦隊の火力すべてを統合したものと同等であることを帝国のあらゆる評価報告書が指し示している。

要塞の地表部は「シティ・スプロール（都市帯）」という名の何千という、主として防衛用の有人ステーション群で覆われている。このスプロールにはデス・スターのシールド・プロジェクターと通信装置群の大部分が収められている。要塞の「居住」エリアの大部分は地表部かあるいは地表以下厚さ2～4キロメートルの地殻部に存在するが、地殻部にあるすべての「地下」施設はシティ・スプロールの一部と解釈してよい。地殻部センサーおよび有人ステーションで収集されたデータは各ゾーンを管理するブリッジに伝えられ、それはさらに巨大司令センターたるオーバーブリッジに転送される。オーバーブリッジでは要塞におけるあらゆるワーク・ステーションやデータファイルを常時監視している。

デス・スターのコアには大容積を誇るパワー・マトリックス用のハウジングがある。融合反応炉では、その周囲を取り巻いているステラー・フュエル・ボトル群から燃料供給を受けて、スーパーレーザーが要求する一次エネルギーを作り出しているのだ。要塞内部の約半分は、リアクター・コア、亜光速およびハイパードライブ・システム、スーパーレーザー・ハウジングによって埋め尽くされ、外部の赤道沿いエリアは亜光速推進システムと防御フィールド発生装置によって占有されている。

完成した初代デス・スターは、単体の物体としては史上最大の人工物となった。

VIEWS デス・スター 全体図

↑ デス・スターにはインペリアル・スター・デストロイヤー用の係留プラットフィームが備わっていたが、乗り換えには通常、シャトルが使用された。

↓ オルデラーン星系に来ていたデス・スターに近づいてきたYT-1300貨物船〈ミレニアム・ファルコン〉のクルーは当初、この戦闘要塞を小型の月と勘違いした。

↑ 直径35キロメートルもあるスーパーレーザーのフォーカス・ディッシュは、デス・スターの外観上、最も目立った特徴といえるだろう。

SPECIFICATIONS 仕様

名称：Mk. 1 深宇宙移動戦闘要塞
タイプ：戦闘要塞
製造：帝国軍事研究部門／サイナー・フリート・システムズ
直径：120キロメートル(74.6マイル)
ハイパードライブ：クラス4
ハイパードライブ・バックアップ：クラス20
シールド：装備
ナビゲーション・システム：ナビコンピューター
武装：スーパーレーザー1門、テイム&バックxx-9重ターボレーザー砲塔15,000基、ボーステル・ギャラクティック・ディフェンスSB-920レーザー砲 2,500門、ボーステルMS-1イオン砲2,500門、ファイロン・トラクター・ビーム投射装置 768基、戦闘ビークル11,000機
人員：乗員342,953名(操縦要員285,675名、砲手57,278名)、その他843,342名
貨物：100万キロトン以上
消耗品：3年分
コスト：不明

DEATH STAR CUTAWAY デス・スター 断面図

1
3
4
6
5
8
7
9
10
11
12
24
23
28
29

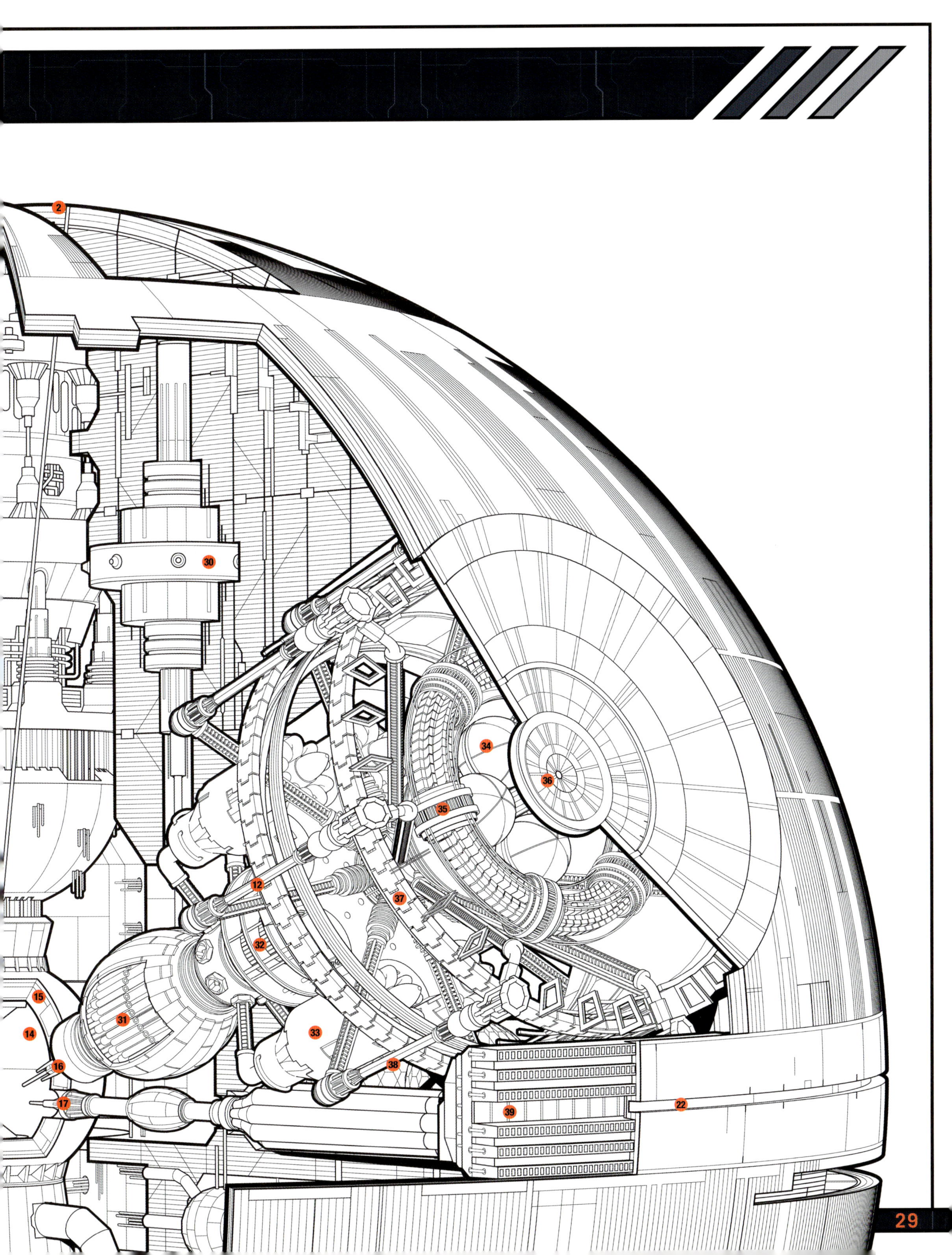
2
30
34
36
35
12
37
32
15
31
14
33
16
38
17
39
22

CUTAWAY デス・スター 断面図

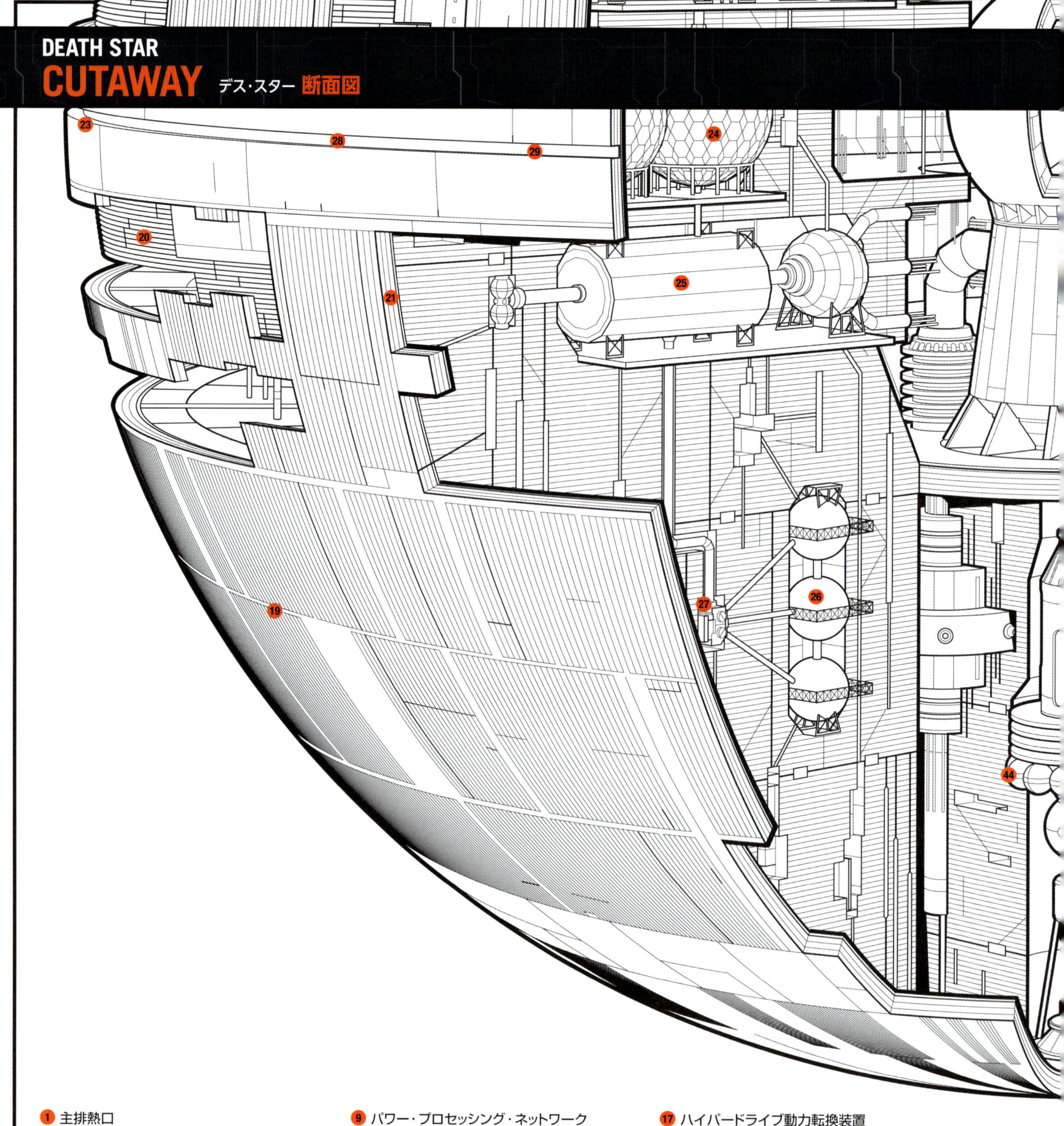

1 主排熱口
2 排熱口
3 極地トレンチ
4 第２動力・コンバーター
5 中央パワー・コラム
6 トラクター・ビーム・リアクター連結装置
7 トラクター＝ビーム発生装置タワー
8 緊急放射線排出装置
9 パワー・プロセッシング・ネットワーク
10 セクター・コンピューター・クラスター
11 メイン・パワー・ジェネレーター
12 静電気放電タワー
13 エネルギー交換装置
14 ハイパーマター反応炉
15 インシュレーター・プレーティング
16 スーパーレーザー動力転換装置
17 ハイパードライブ動力転換装置
18 一次出力転換電磁弁
19 半球中央トレンチ
20 多層内部デッキ
21 同軸表層デッキ
22 赤道トレンチ
23 イオン亜光速エンジン
24 イオン・ドライブ反応炉

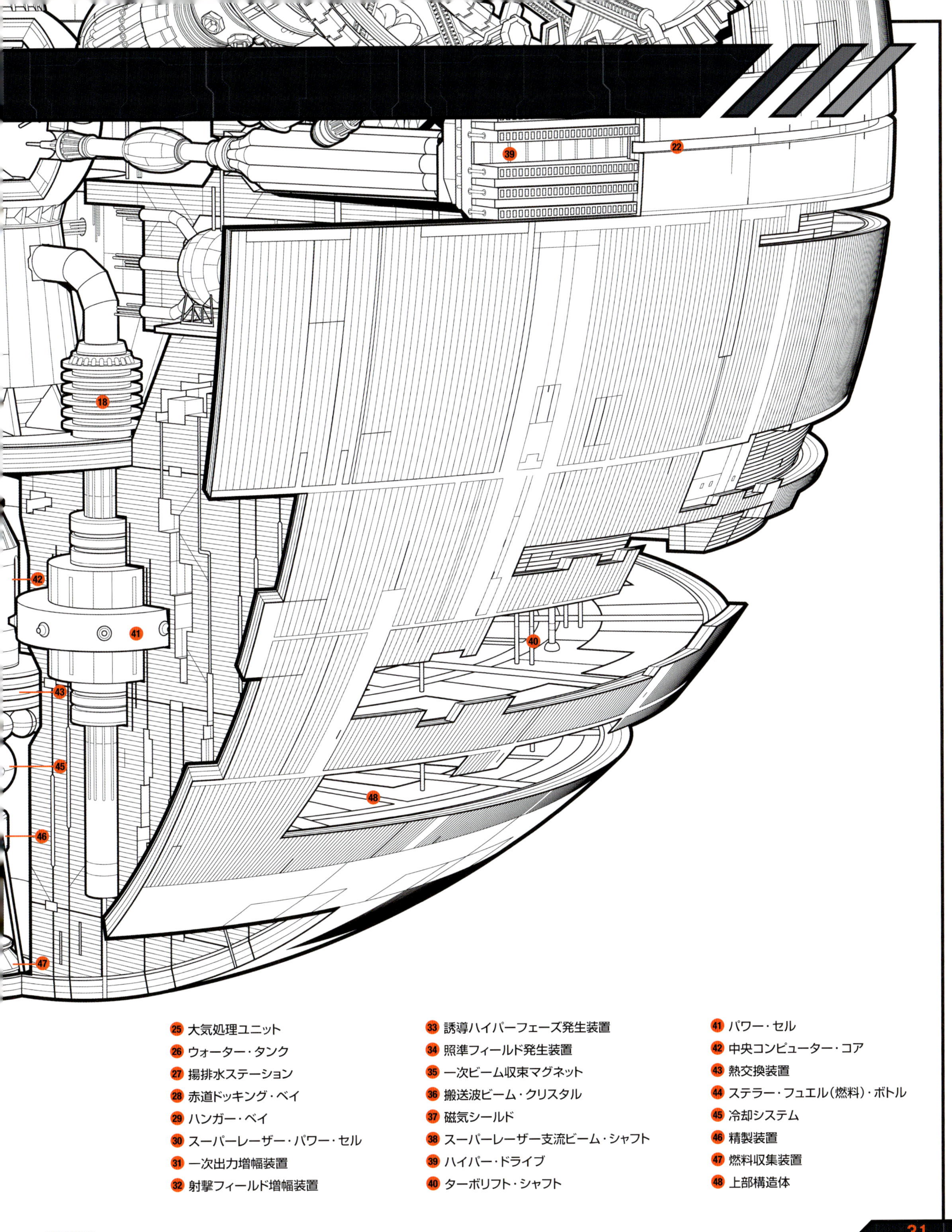

39
22
18
42
41
40
43
45
48
46
47
25 大気処理ユニット
26 ウォーター・タンク
27 揚排水ステーション
28 赤道ドッキング・ベイ
29 ハンガー・ベイ
30 スーパーレーザー・パワー・セル
31 一次出力増幅装置
32 射撃フィールド増幅装置
33 誘導ハイパーフェーズ発生装置
34 照準フィールド発生装置
35 一次ビーム収束マグネット
36 搬送波ビーム・クリスタル
37 磁気シールド
38 スーパーレーザー支流ビーム・シャフト
39 ハイパー・ドライブ
40 ターボリフト・シャフト
41 パワー・セル
42 中央コンピューター・コア
43 熱交換装置
44 ステラー・フュエル(燃料)・ボトル
45 冷却システム
46 精製装置
47 燃料収集装置
48 上部構造体

DEATH STAR
ELEVATION PLAN デス・スター 立面図

1 主排気口
2 排熱口
3 第二出力変換装置
4 中央動力支柱
5 トラクター・ビーム反応炉連結装置
6 トラクター・ビーム発生装置タワー
7 緊急放射線放出装置
8 主出力発生装置
9 ハイパーマター反応炉
10 同軸表層デッキ
11 イオン亜光速エンジン
12 イオン・ドライブ反応炉
13 大気処理ユニット
14 ウォーター・タンク
15 オーバーブリッジ
16 スーパーレーザー・パワー・セル
17 一次出力増幅装置
18 射撃フィールド増幅装置
19 誘導ハイパーフェーズ発生装置
20 照準フィールド発生装置
21 一次ビーム収束マグネット
22 搬送波ビーム・クリスタル
23 磁気シールド
24 スーパーレーザー支流ビーム・シャフト
25 ハイパー・ドライブ
26 パワー・セル
27 中央コンピューター・コア
28 セクター・コンピューター集合体
29 熱交換装置
30 ステラー・フュエル・ボトル
31 冷却システム
32 精製装置
33 燃料収集装置

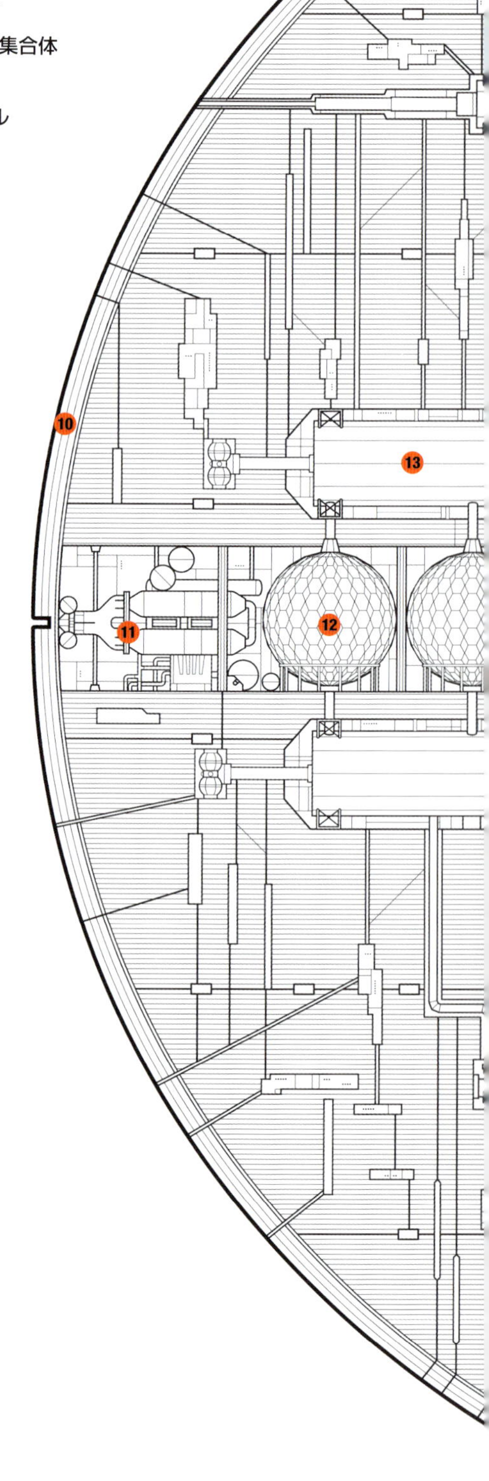

外装

31 クアダニウム・スチール外殻
32 極トレンチ
33 スーパーレーザー収束レンズ
34 赤道トレンチ
35 半球中央トレンチ

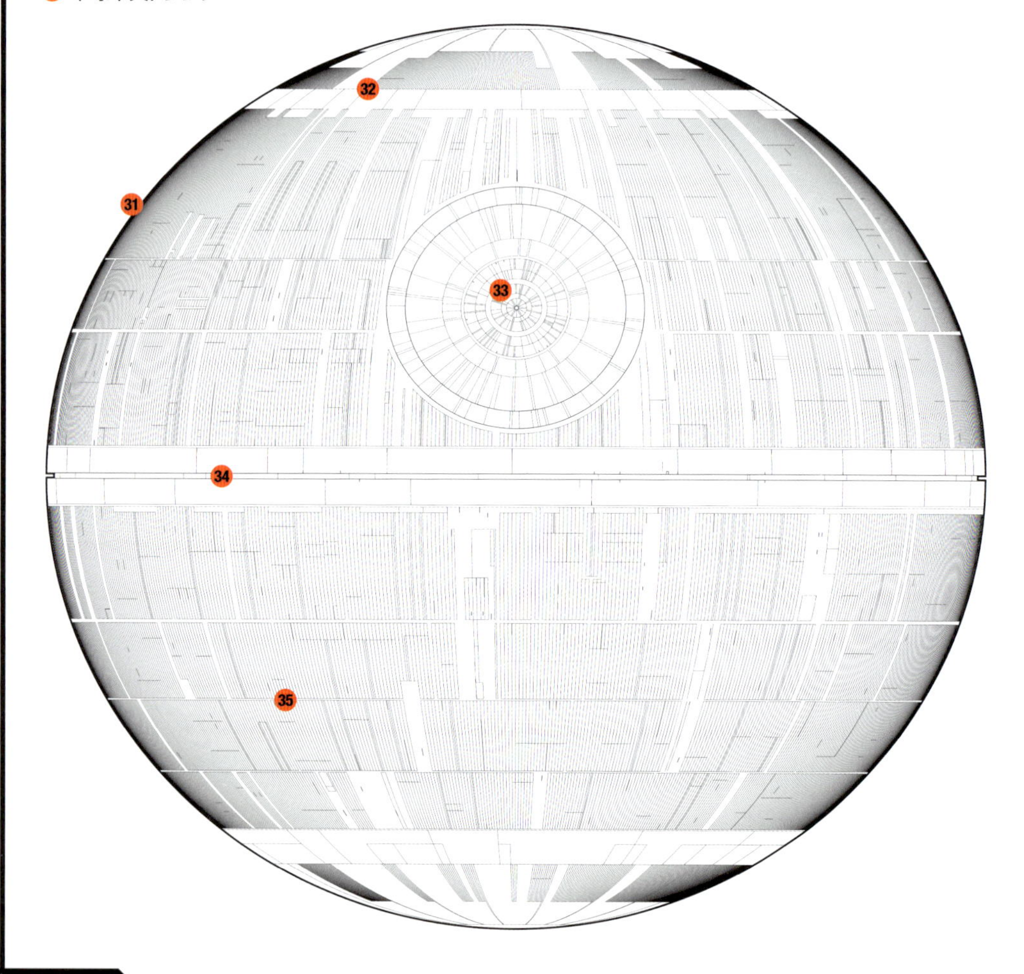

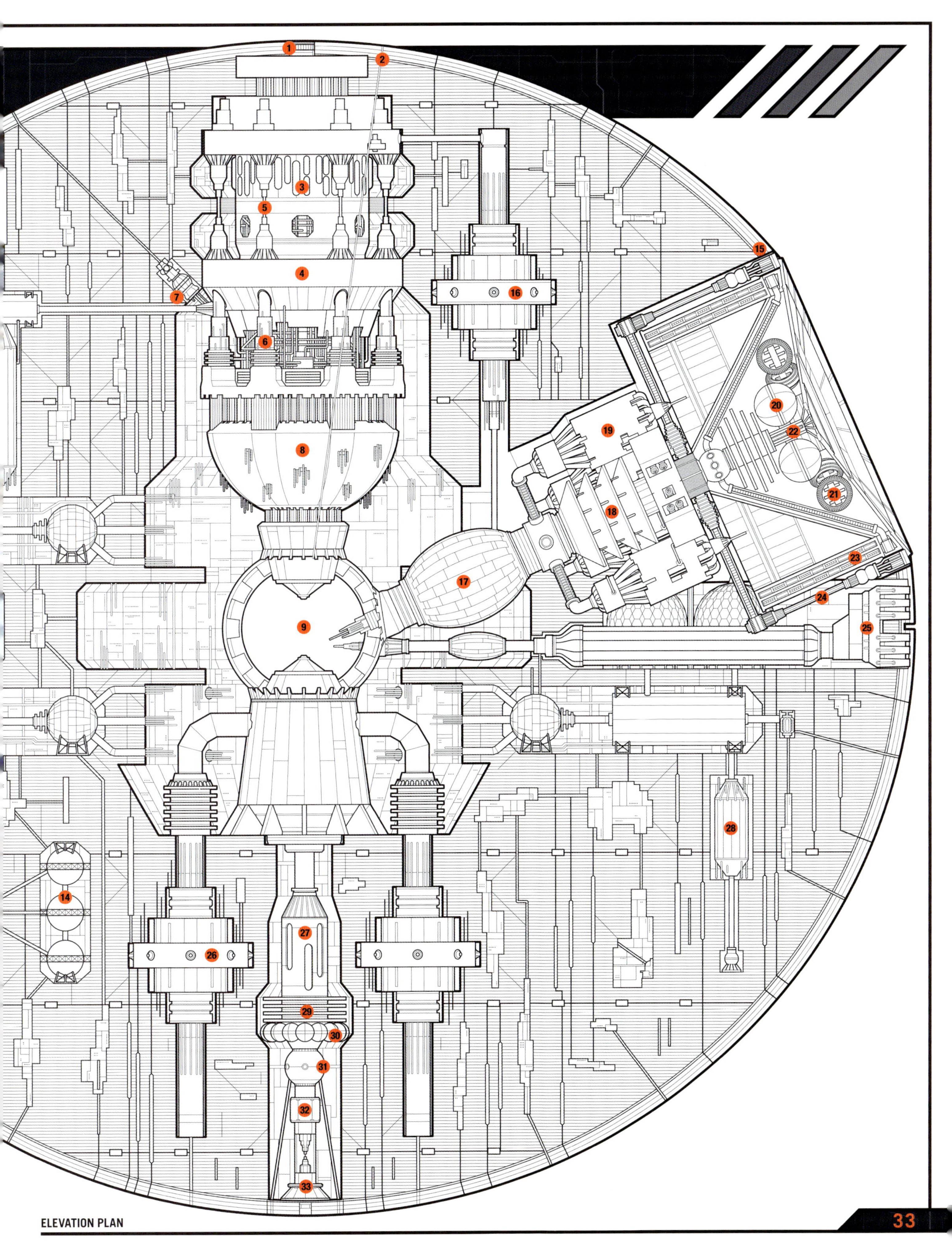

ELEVATION PLAN

SUPERSTRUCTURE 上部構造体

超大型リアクター・コアとスーパーレーザーを設置させるために設計、製作されたデス・スターの上部構造体は、桁や筋交い、圧縮抵抗性支柱、相互接続された通気用チューブ、リパルサーリフト移動チューブ、エネルギー・システム経路用チューブなどが縦横無尽に交差して形成されている言わば巨大なネットワークであった。上部構造体構造上の統合性における完全無欠さは比類のないもので、地表部への爆撃や大型スペースクラフトとの衝突程度であれば問題なく耐えることができる強度を誇り、また、デス・スターよりも小さなサイズで、球状でない戦闘要塞に比べると、外部重力に対する抵抗性も勝っていた。

立体的に交差する構造体建築部材間には充分な広さの隙間があり、コンストラクション(建造)・ドロイドやサービス・ビークルは建造作業中、これらを通って、デス・スター内での移動を行っていた。そして、作業が終了すると、メンテナンス・ドロイドが隙間を移動して、圧力漏れや、溶接ミス、構造の完全性を損ねる可能性のある障害を見落とさぬよう、微に入り細を穿ってスキャニングを行った。

これほどまでの完璧さを持って堅牢に作られた上部構造体ではあったが、妨害工作となると設計陣にはお手上げであった。一例をあげると、カーゴ・ホールドとその周囲に甚大な被害を与える爆弾事件が起こり、調査のためにダース・ベイダーの緊急出動が要請されたことがある。そして、これだけにとどまらず、建造中に同様の妨害工作事件は何度も発生した。にもかかわらず、要塞の上部構造体はすこぶる堅固でびくともしなかった。ヤヴィンの戦いで反乱軍機から攻撃を受けたときもまた同様で、上部構造体は強固で安定したものであった。ただし、それもデス・スターそのものが大爆発によって終わりを迎えるまでの話ではあったが。エンドアの戦いでは、第2デス・スターの上部構造体の大部分が露出したままになっていることを反乱軍は見逃さなかった。パイロットは要塞のリアクター・コアに直行することができたのである。

インペリアル・スター・デストロイヤーの艦橋から、パルパティーン皇帝とその右腕であるシス卿ダース・ベイダーがデス・スター建造の進捗状況を確認している。

➔ デス・スターの内部は、パイプや梁、桁、そして機械類から成る多層構造の迷路であった。

← リアクター・コアから出る余剰エネルギーは上部構造体内部の照明システムにまわされ、作業現場の視認性を高めた。

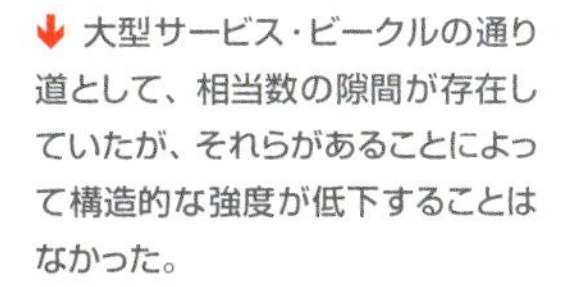

↓ 大型サービス・ビークルの通り道として、相当数の隙間が存在していたが、それらがあることによって構造的な強度が低下することはなかった。

WEAPONS & DEFENSIVE SYSTEMS

武器および防御システム

『パーソナル・データ・ジャーナル・エントリー#476および#481、ターキンによる記録』より抜粋

デス・スターは単一の大量破壊兵器を装備する必要がある。この兵器は目標惑星の核を揺さぶることが可能なレベルのエネルギーを放射可能であらねばならない。加えて、帝国のコア・ワールドの惑星が備えているものと同レベルの地表防衛機能も必須である。惑星シールド、地対空ターボレーザー、360度センサー機能、強力な多指向性トラクター・ビーム、対主力艦用の重砲といった装備や兵装は、この戦闘要塞における設計上の意義および任務を鑑みるに、単に必要というレベルではなく必要不可欠の装備である。

主任技士ベヴェル・レメリスクは彼が名付けた「スーパーレーザー」という武器を最終設計に組み込むことを前提としている。むしろ、この球体全体がこのたったひとつの武器を支援し、かつ保守点検するためだけに作られるのだといっても過言ではない。ベヴェルによれば、スーパーレーザーの威力は惑星の核を揺さぶるという程度ではなく、惑星自体を粉々に砕き、目標惑星が攻撃された後には惑星の細かな破片や塵が残るだけだという。

そのような強大な破壊能力を得るために、防御シールドは必要最小限だけになると思うが、ベヴェルの主張によると、地対空防御兵器群で充分に補うことができるということだ。

← デス・スターのスーパーレーザー・フォーカス・レンズの全体像。これはデス・スターの砲手たちにはよく「ザ・アイ(眼ん玉)」という名で呼ばれていた。

TRACTOR BEAM REACTOR COUPLING トラクター・ビーム反応炉連結装置

トラクター・ビームは操作可能な不可視のフォース・フィールド（力場）で、高い精度で物体の位置や方向の変更、あるいは捕獲を行うことができる。フォース・フィールドはトラクター・ビーム発生装置によって作られ、その後、トラクター・ビーム投射装置によって放出される。は別名、エミッター・タワーとも呼ばれ、通常は回転ターレット上にマウントされている。トラクター・ビームはすべての宇宙港や宇宙ステーションで標準装備となっており、宇宙船がハンガーやドッキング・ベイへ出入りするためのガイドを行うなど、一般的には交通コントロール用として使用される。

デス・スターの各ゾーンには24基のトラクター・ビーム砲床があり、それらには改造型ファイロンQ7トラクター・ビーム投射装置が設置されていた。これら改造型ファイロンQ7はインペリアル・スター・デストロイヤーで使用されているものと同じで、攻撃用の武器という扱いである。

すべてのゾーンは1基だけではなく、24基すべてのビームを単一ターゲットに向けて集中投射することができ、長距離からでもエネルギー・バブルの中に敵船を閉じ込めて捉えることができるようになっている。また、このバブルは基本的には破壊不能とされていた。長距離プロジェクターは強力で、敵船センサーがこちらの「小型の月」を戦闘要塞だと認識するよりも前に拿捕が可能であった。それぞれのファイロンQ7トラクター・ビーム投射装置では、適切な運用に10名のオペレーターが必要となっていた。

デス・スターのトラクター・ビームは要塞の主反応炉と直結しており、安定したエネルギー供給が行われ、ジェネレーターの故障によるアクシデントも回避できるような仕組みであった。デス・スターは7つのパワー・カップリング・ターミナルを有していたが、その各々は高さ35キロメートルのジェネレーター・タワーの頂点に設置され、700以上のトラクター・ビームに対してエネルギーを供給できるようになっていた。もしトラクター・ビームとリアクターとの接続がカップリング・ターミナルのいずれか1か所においてでも切断された場合には、ビームは稼働しなくなるが、そのような事態においてはメンテナンス・ドロイドや技術ドロイドが、ターミナルをぐるりと取り巻くブリッジから反応炉連結装置コントロールにアクセスする仕組みとなっていた。

➔ ジェダイ騎士オビ=ワン・ケノービがデス・スターのセクションN6にあるトラクター・ビーム12の電源を切ったことを要塞内のストームトルーパーは見過ごしていた。この事実は、ガルヴォニIIIの軍事通信施設から入手した映像データによって判明した。

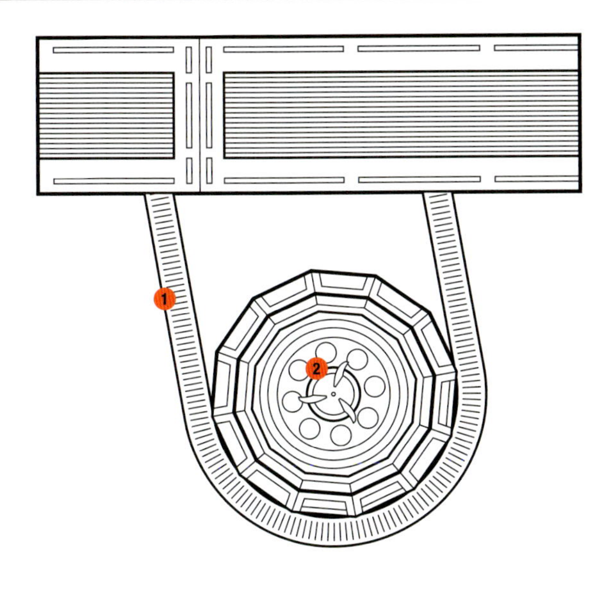

1. メンテナンス・ブリッジ
2. エネルギー・エミッター
3. コントロール・レバー
4. パワー・レベル・インジケーター
5. ステイタス・ディスプレイ
6. マニュアル・オーバーライド（手動への切替装置）
7. ジェネレーター・タワー

↑ トラクター・ビーム・パワー・レベル・インジケーターには反応炉連結装置の位置に関するデータも表示された。

↓ デス・スターのセントラル・コアに位置するトラクター・ビーム反応炉連結装置タワーの全高はおよそ35キロメートルにも達する。

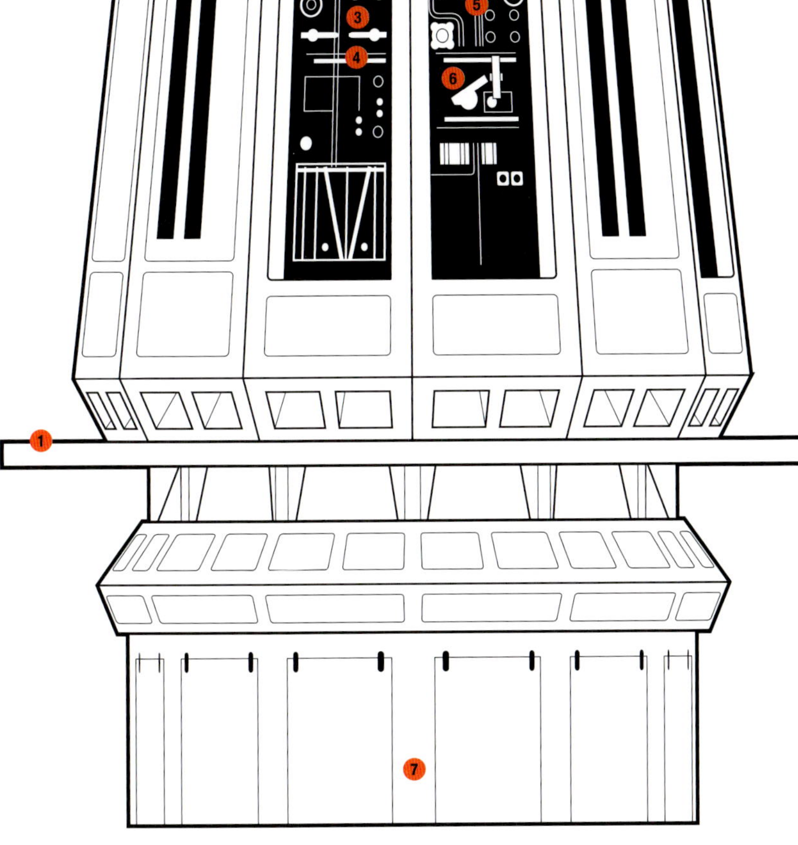

ENERGY SHIELDS エネルギー・シールド

デス・スターのシティ・スプロールはシールド投射装置タワー群が投射するエネルギー場によって保護されていた。これらのエネルギー・シールドはスプロールをスペース・デブリ（宇宙ゴミ）から守ると共に、限定的ではあるが、敵エネルギー兵器に対する防御策ともなっていた。限定的であった理由はデス・スターのエネルギーのほとんどがスーパーレーザー関係の運用にまわされていたからだ。一般的なシティ・スプロールは最低でも３基のシールド投射装置タワーに守られていた。また、各タワーのベース部分にある遮蔽施設内にはパワー・セルやシールド＝オペレーター・ステーションなどが敷設されていた。デス・スターにおいて最も強固にシールドされているのは皇帝の謁見室を擁するタワーが設置されているエリアであった。

シールドの運用はバトル・ステーション・オペレーションズ（戦闘基地作戦司令部）が担っており、シールド投射装置タワーのステーションを受け持つオフィサー、オペレーター、技士により、常に万全の状態でシールドが稼働するようになっていた。攻撃を受けた際には、隣接したシティ・スプロールのタワーがシールドを互いにオーバーラップさせて、デス・スターの表層に継ぎ目の無いエネルギーの幕を形成した。

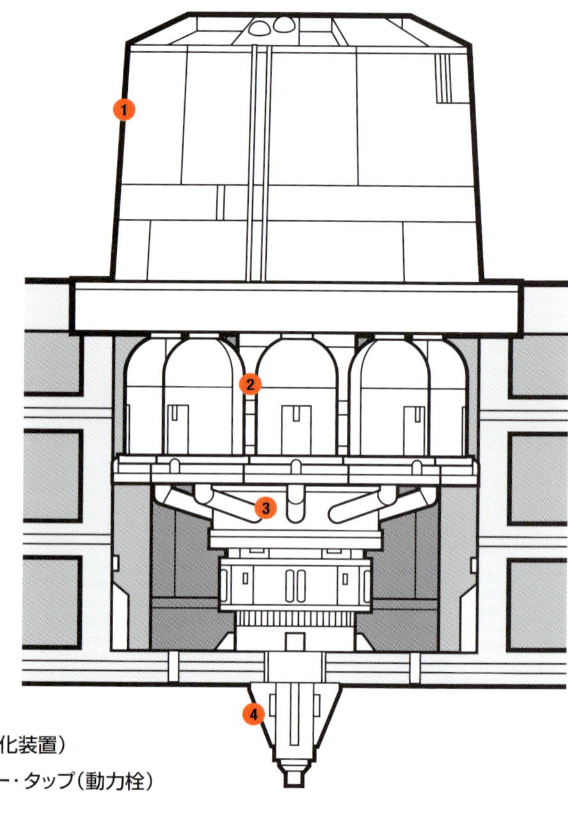

1 シールド投射装置タワー
2 シールド発生装置
3 エナジャイザー（エネルギー化装置）
4 主反応炉へとつながるパワー・タップ（動力栓）

➔ 主反応炉を動力源とするシールド発生装置からエネルギー供給を受けているシールド投射装置タワー群。三角配置はデス・スターにおける典型的な構成だった。これらの塔はレーザー砲で防護されている。

ARMORED PLATING/HULL 装甲プレート／外殻

デス・スターの船殻プレートの大部分は、小惑星由来の原材料から精製されたミリタリー＝グレードのクアダニウム・スチール製であった。ベヴェル・レメリスクの設計チームには、装甲の調達や製造に加え、まるで、なまけるなとでもいわんばかりに装甲の設置という非常に大掛かりな仕事が付与された。

通常の作業行程では外殻すべてを作成後に内部を加圧してから内装を行う。だが、デス・スターでこの作業工程を行うのは無理であった。建造物のあまりの巨大さ故、加圧に必要な空気の総量がとてつもなかったためである。つまり、デス・スターに関しては、内部の作製は加圧されていない状態で始める必要があった。しかし、強制徴発して集めた推定何十万人という労働者には、加圧されたエリアが必要であった。また、これら労働者には建造作業中、近くに宿舎も必要とされた。帝国としても、作業シフトの合間に離れた住居から作業場間の定期往復便を出すのは、時間的にもコスト的にも非効率的であったのだ。

レメリスクのチームが導き出した最も効率的な解決策は、外殻が構築されている間、個別にセクターを作って密閉し、加圧するというものである。この方法により、建造期間中における労働者の生活必需品の保管スペースや仮宿舎の確保が可能となったのだ。

↑ 遠方から肉眼で見る限り、デス・スターの外殻は比較的なめらかな仕上がりに見える。

↓ 重武装のタワー群はターボレーザー砲床用に建造されたものだが、インペリアル・スター・デストロイヤーの係留プラットフォームとしても活用された。また、タイ・ファイター・パイロットに対しては方向指示マーカーとしての役目も担っていた。

TURBOLASER TOWER ターボレーザー・タワー

主力艦用の武装として銀河で最も一般的なものがターボレーザーだ。ターボレーザーは二段階スーパーチャージ式のレーザー砲である。小さな第1レーザーがエネルギー・ビームを生み出し、それがメイン・アクチュエーターに入る。その小さなビームはそこでエネルギー化されたブラスター・ガスと相互に作用し、強力な破壊ビームを形成する。バレル内のガルヴン・コイルによって集束されたビームは、通常のレーザー砲の2倍から3倍強の射距離が得られることになる。発射された光弾の破壊力は敵艦のシールドおよび分厚い装甲板を難なく打ち抜くパワーを有する。

デス・スターには15000基のテイム&バックxx-9重ターボレーザー・タワーが設置され、装甲で防護された各タワーの内部は通常、4つのセクションに区分されていた。トップ・セクションにはガン・ターレット（砲塔）が据えられたが、これは360度旋回し、途切れのない連射が可能であった。また、ターレットからそびえるツイン・レーザー・バレルとスイベル・マウンティング（旋回台）によって垂直方向の射界をカバーすることができるようにもなっていた。

タワーの第2セクションには、キャパシター・バンクがずらりと列をなして設置されていた。これはエネルギーを蓄えておく場所で、これがその後の過程でレーザー・アクチュエーターによって凝縮光の荷電ビームに変換される。このエネルギー蓄積装置はターボレーザーの連射機能には必要不可欠となっていた。

第3セクションにはサポート・クルーとメンテナンス・ステーション、加えて多数のタービン・ジェネレーターが設置され、タワーに動力を供給した。

タワー最下層に位置するセクションには砲手ステーションおよび索敵照準コンピューターが置かれた。砲手は特殊なヘルメットを装着しており、これが砲手の照準合わせを限定的にであるがサポートした。ただし、複数の目標を追尾し、動きの速い敵宇宙戦闘機に対する射撃パターンはじき出すことができたのは照準コンピューターのみである。また、照準コンピューターには安全装置が組み込まれており、照準サイトの内側にデス・スターの一部が入り込むと発射不能となる仕組みとなっていた。反乱同盟軍はこれをうまく利用し、デス・スターに可能な限り接近して飛行することで、敵の攻撃が自動的に停止するようにしていたのだ。

➔➘ ターボレーザーのビームは強力ではあるが、充分なエネルギーをキャパシターへ充填するには時間を要し、射撃と射撃の間隔が最低でも2秒は空いてしまう。

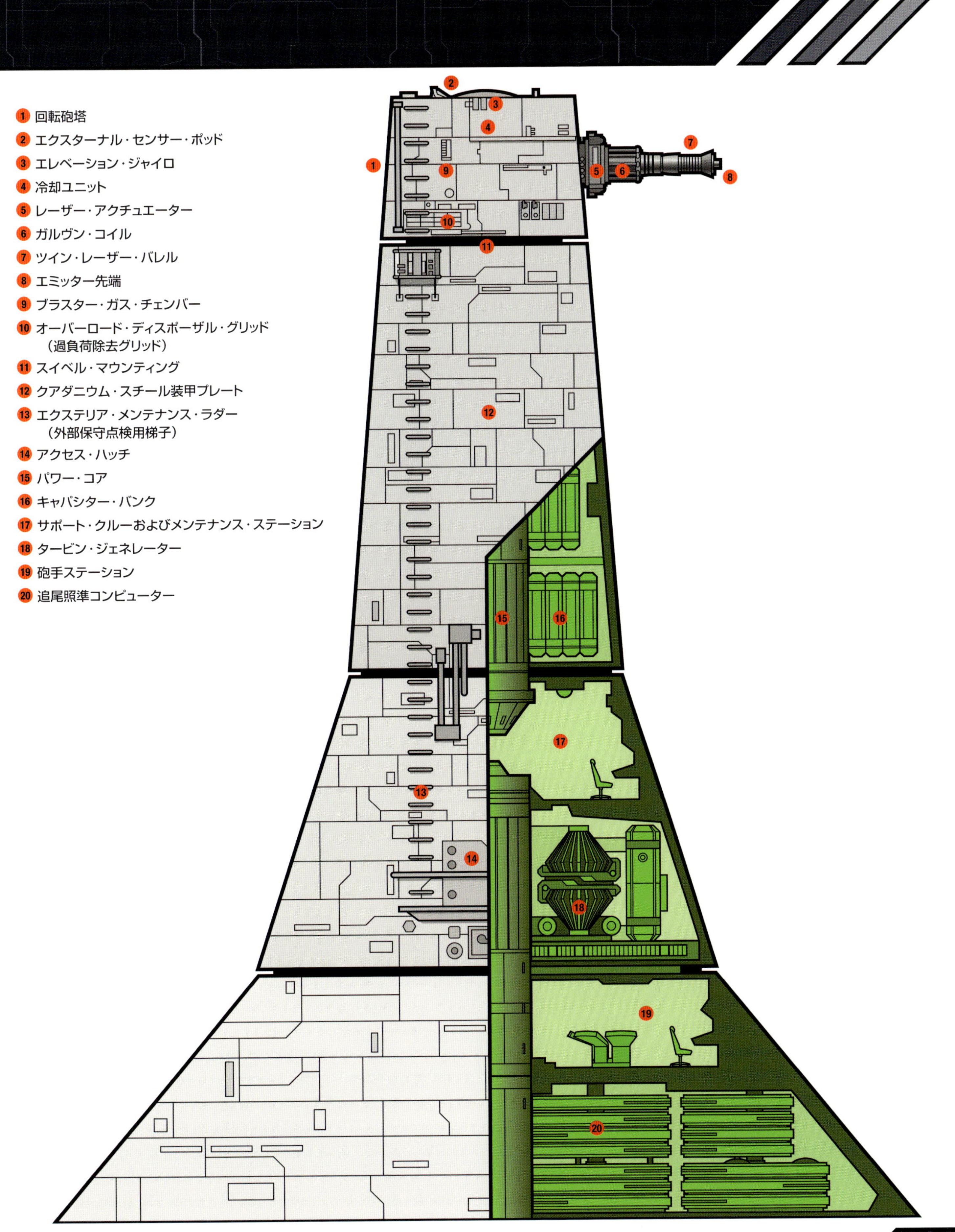

1 回転砲塔
2 エクスターナル・センサー・ポッド
3 エレベーション・ジャイロ
4 冷却ユニット
5 レーザー・アクチュエーター
6 ガルヴン・コイル
7 ツイン・レーザー・バレル
8 エミッター先端
9 ブラスター・ガス・チェンバー
10 オーバーロード・ディスポーザル・グリッド
（過負荷除去グリッド）
11 スイベル・マウンティング
12 クアダニウム・スチール装甲プレート
13 エクステリア・メンテナンス・ラダー
（外部保守点検用梯子）
14 アクセス・ハッチ
15 パワー・コア
16 キャパシター・バンク
17 サポート・クルーおよびメンテナンス・ステーション
18 タービン・ジェネレーター
19 砲手ステーション
20 追尾照準コンピューター

MANNED LASER CANNON SB-920 有人レーザー砲 SB-920

デス・スターのトレンチに沿って配されていた防御兵器のひとつに、ボーステル・ギャラクティック・ディフェンス製SB-920（スーパー・ブラスター920レーザー砲）がある。帝国の宇宙船専用として製造されたこの多少風変わりなエネルギー兵器SB-920の火力は、敵主力艦のシールドや装甲ならば難なく突破、宇宙戦闘機程度であれば一撃で粉砕する威力があった。

ただし、その仕組みは他の多くのレーザー砲となんら変わりなく、過冷却された装甲チェンバーから注入された揮発性のブラスター・ガスをパワー・チャージと混合し、そこから生成されたエネルギーを長いバレルへ送り込むというもので、ビームのパワーはバレル内の回路によって増幅されるようになっている。基本的にSB-920が他のレーザー砲と一線を画していたのは、砲手が目標を追尾する際、内蔵のコンピューター照準システムが砲手を補助するのではない、という点だ。SB-920はデス・スター全体に張り巡らされた戦術コンピューター・システムとリンクしているのである。また、要員においても、立位状態で操作を行う砲手1名、着席して操作する照準技士1名、着席して操作をするエネルギー技士1名の計3名が必要となっていることも通常とは異なる点で、他のレーザー砲に比べてエネルギーの再充填が速やかに行われるようになっていた。

SB-920を扱う各メンバーは特殊保護コンピューター・ヘルメットを装着したが、これには各々の任務に則した内容のアシストを行う機器が装備されていた。各々の任務とは——照準技士は照準コンピュータを監視、解析し、相手が高速で飛行する戦闘機であろうと敵主力艦のシールド発生装置であろうと、砲手が狙いを定めるべき最適目標を割り出す役目を担う。エネルギー技士は砲がオーバーヒートしたり、パワー切れになったりしないようチェックを行う。そして、砲手は目標を定め、砲を実際に動かし、トリガーを引く——というものだ。

SB-920が利用しているシステムはTAT（目標捕捉追尾システム）と呼ばれる最新のもので、類似の装備は帝国が採用している他の地対空防衛システムの中にも存在していた。TATでは、特定の進路内にいる複数のターゲットをロックオンすると、第1ターゲットを選択すると同時に別の複数のターゲットの軌道も計算し、それらを随時アップデートすることが可能となっていた。TATはまた遠距離においても効果を発揮した。例えば、後退する敵機の位置を推測し撃墜することなどSB-920のクルーにとっては朝飯前であった。

ヤヴィンの戦いでは、デス・スターの砲手らは、ほとんどの反乱軍機を要塞のトレンチにある排熱口から引き離すことに成功したが、ガルヴォニIIIの帝国通信施設から見つかったデータには、ヤヴィンの戦いの少し前、タッグ将軍配下のひとりの過剰に熱心な士官が「いかなるコンビネーションにおいても実戦的に動けるようにすることが肝要だ」と、デス・スター砲手陣に対し見当違いのハッパをかけると、要塞内すべての砲手をアルファベット順に並べ替え、配置換えを行ったと記されている。このたったひとつの命令のせいで、すでにうまく出来上がっていた3名体制のチームワークが崩壊してしまったとするなら、このことがヤヴィンにおける反乱軍の勝利に貢献した可能性もないとはいえないだろう。

➔ 砲手席は与圧室内にあり、磁気フォース＝フィールドで隔離されたポートからダイレクトに砲撃を行う仕組みだ。砲手は特殊なコンピューター・ヘルメットを装着するが、これには高速移動する敵機を捕捉可能とする照準アシスト装置が組込まれている。

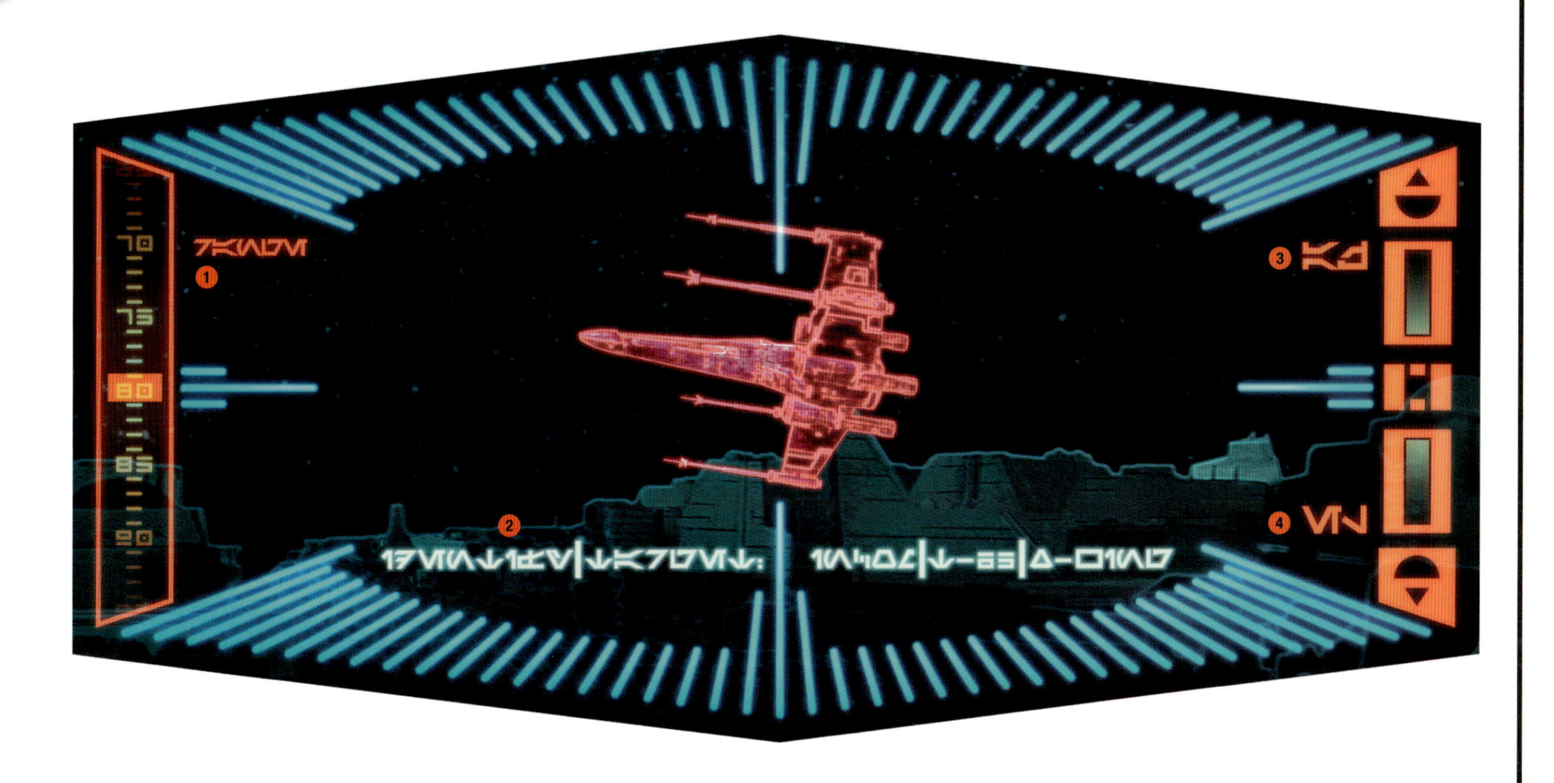

↑ TATシステムのテクニカル・リードアウトの一例。SB-920の砲手のコンピューター・ヘルメット内に映し出されたもの。デス・スターのトレンチ上空にいる敵Xウイング・スターファイターの攻撃シミュレーションを映し出している。

1 距離表示
2 目標識別表示
3 アジマス（回転角度）
4 エレベーション（垂直角度）

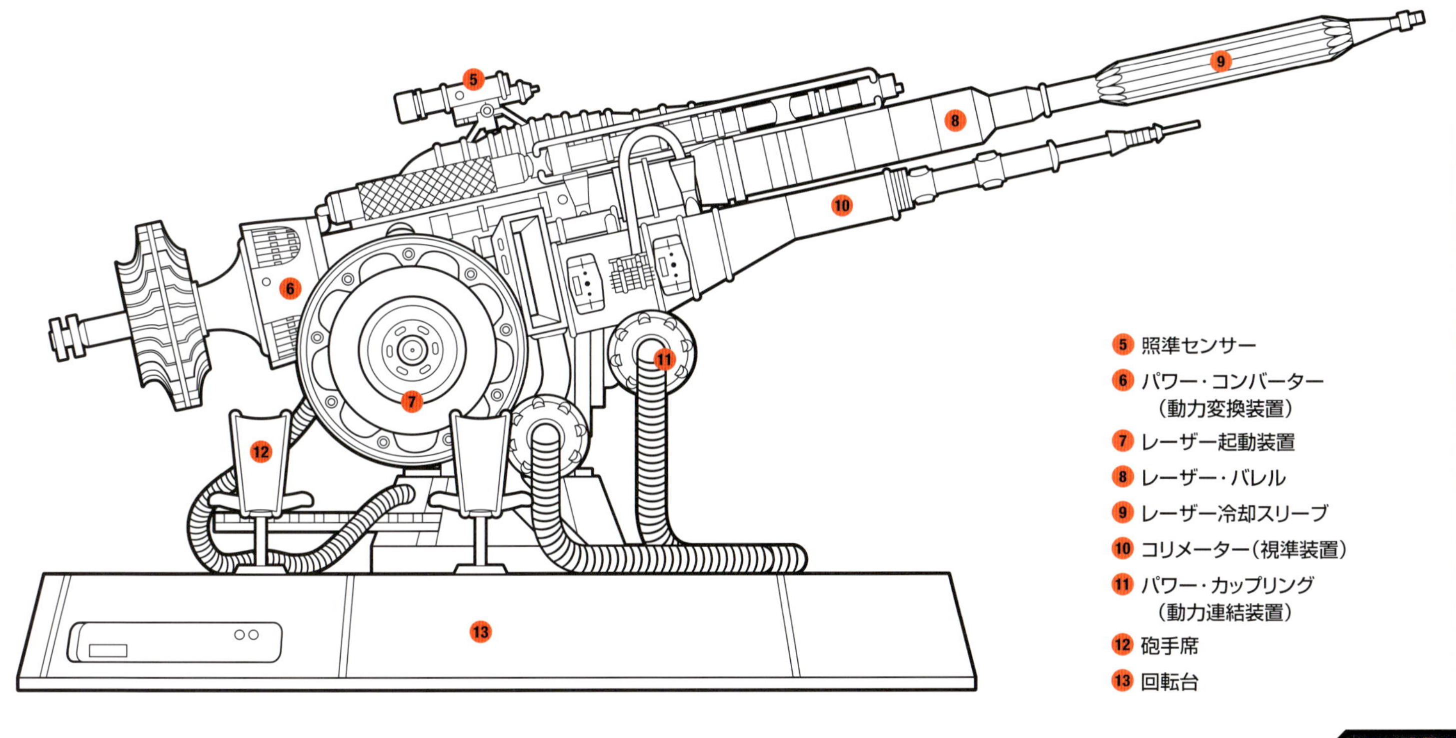

5 照準センサー
6 パワー・コンバーター（動力変換装置）
7 レーザー起動装置
8 レーザー・バレル
9 レーザー冷却スリーブ
10 コリメーター（視準装置）
11 パワー・カップリング（動力連結装置）
12 砲手席
13 回転台

SUPERLASER スーパーレーザー

初代デス・スター内部は、パルパティーン皇帝の「恐怖政策」の要となる主力兵器、スーパーレーザーのためのハウジングとサポート装置でその大部分が占められていた。この兵器に必要なエネルギーは要塞内深層部で作り出され、8基で構成されるイニシエーター（始動体）・レーザー砲のそれぞれに配分されると、それぞれから発射される支流ビームが北半球に作られたすり鉢状のディッシュ、巨大凹面の「スーパーレーザー・ウェル」の上方にある中央増幅装置で収束し、1本の強力なビームにまとまるというシステムであった。このビームはさまざまな破壊目標に合わせて、その出力レベルを制御でき、敵主力艦などに対して使用することも可能だ。また、最大出力では帝国宇宙艦隊の半分を合わせた以上の火力を有しており、一瞬にしてひとつの惑星を宇宙の塵へと変えるパワーがあった。

デス・スターの開発当初は、まだスーパーレーザーが実用段階に至っておらず、どのようにしてこれを運用可能とするかの試行錯誤が続いていたが、その過程で代替となる別の兵器が考案されたことがあった。それはコンポジット・ビーム・スーパーレーザーというもので、それが発するプロトン・ビームは惑星のコアを破壊し、居住不能にするパワーを有していた。だが、この兵器は発射の前段階で、すり鉢型のディッシュを定位置から物理的に動かす必要があり、その場合には尋常でない大きさの機械アームが必要となってしまうという短所があった。だが、技術陣がスーパーレーザーにおける技術的困難を克服したため、結局、コンポジット・ビーム・スーパーレーザー案は撤回されることになったのだ。

スーパーレーザーは発射してから次の発射までにエネルギーを再充填する必要があるが、各発射の出力がどの程度高いかによって1日に何発撃てるかが決定された。例えば、宇宙船相手であれば1分毎に撃てるが、惑星が目標であれば24時間毎になるといった具合である。のちに回収された帝国の報告書には、オルデラーンが滅ぼされる以前、反乱軍が運用していたルクレハルク級戦艦〈フォートレッサ〉や監獄惑星デスペイヤーもスーパーレーザーによって破壊されていたと記載されている。

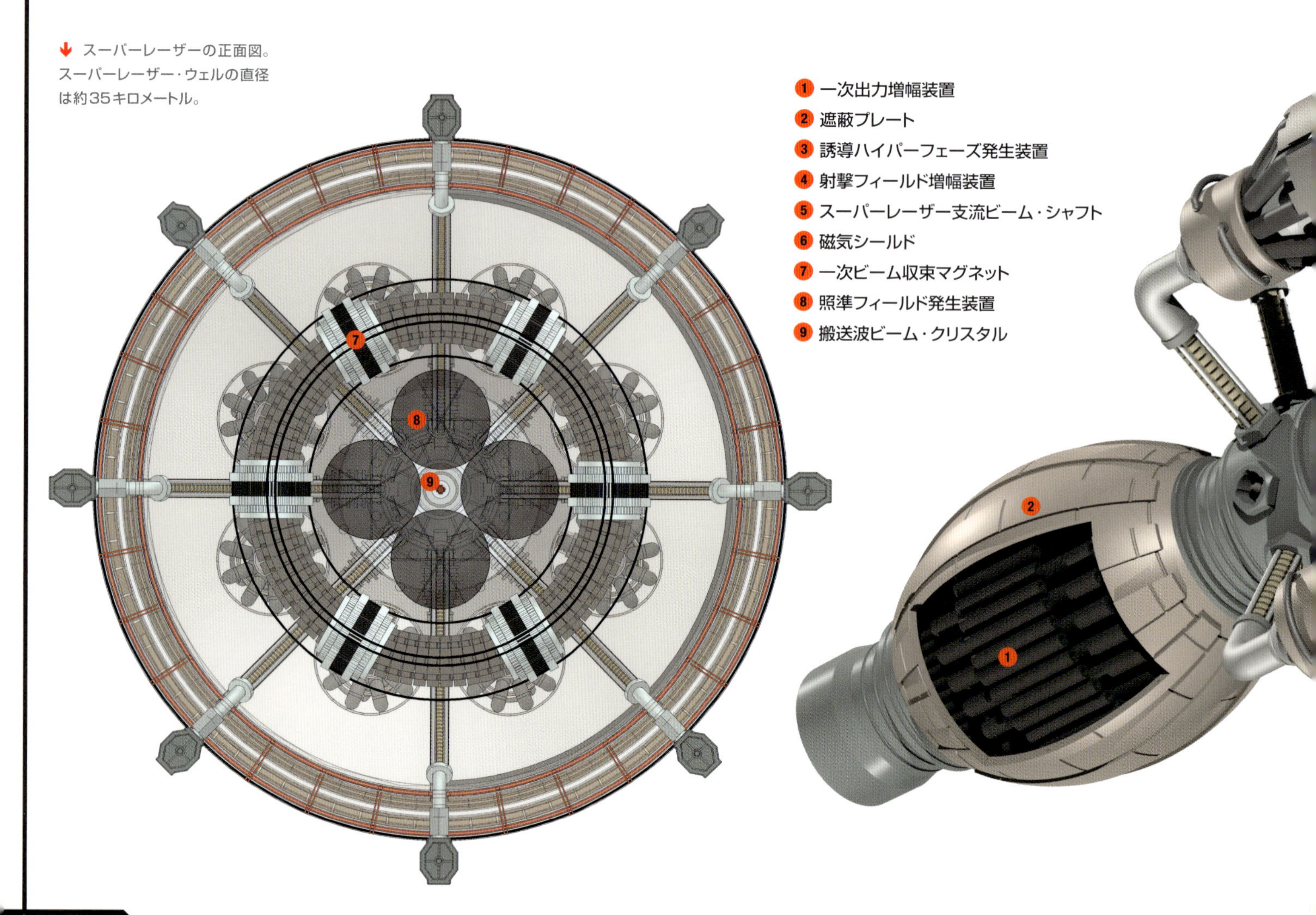

↓ スーパーレーザーの正面図。スーパーレーザー・ウェルの直径は約35キロメートル。

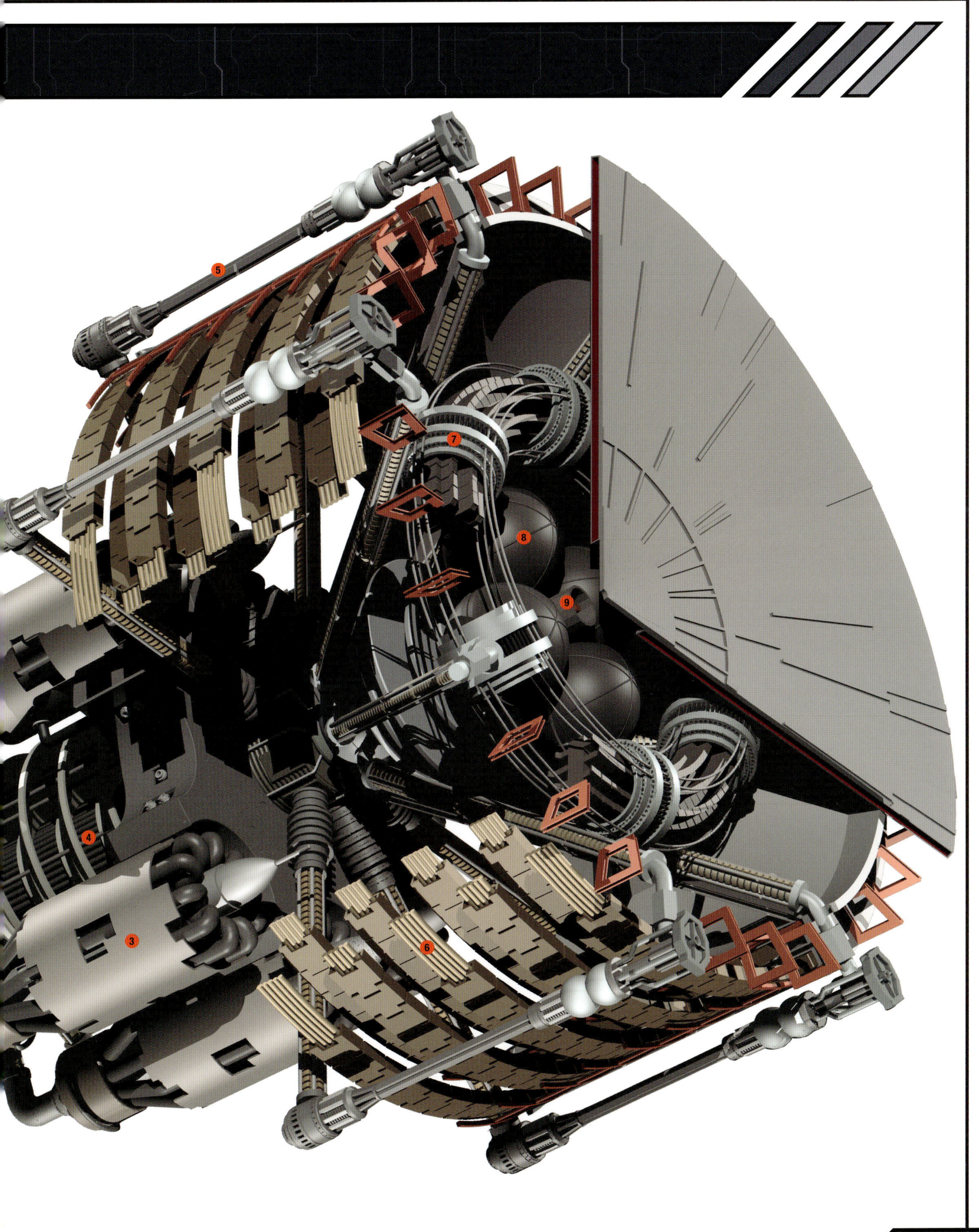
5
7
8
9
4
3
6

DEATH STAR GUNNERS デス・スターの砲手

帝国パイロット部隊の特別補助ユニットであるデス・スターの砲手陣は銀河一の戦闘ユニットから選び抜かれた精鋭であった。本来その多くは、帝国宇宙軍の飛行訓練兵であった者や、あるいは飛行任務に就くことがかなわなかったパイロットたちだった。しかし、抜群の視力と反射神経を備え、特殊装置との高い親和性を示した者たちである。砲手には軽レーザー砲からターボレーザー砲台に至るまであらゆる砲を扱う能力が要求された。

デス・スターの砲手はガン・タワーのオペレーションや敵の大規模攻撃における迎撃任務に際し、グループ単位で動くよう訓練されていた。また、確率プログラムによる散布パターンに精通し、連携射撃の名手でもあった。そして一朝事が起こると、砲手は無数の砲台からブラスター光弾の弾幕を網の目のように張ってデス・スターを防御するのだ。なお、デス・スターにおける最高に訓練された、最上ランクの砲手はスーパーレーザー砲の担当となった。

砲手は専用のコンピューター・ヘルメットを装着したが、このヘルメットには頭部の防護機能だけでなく、火器管制支援のためのマクロビノキュラー・ビュープレートや高速移動する戦闘機の捕捉をアシストするセンサーおよび高性能追跡システムが内蔵されていた。また、舌によって操作が可能なコムリンクも備わっていた。

ヤヴィンの戦いが始まる前、デス・スターの砲手は何か月もかけて自分の担当兵器をキャリブレートし、戦闘シミュレーションを使った通し訓練を繰り返し行った。実際、彼らはターキン配下のスタッフが組み立てた戦闘プランに沿った、数限りないシミュレーションにおいて、反乱軍艦隊の襲撃に対し、そのすべての撃退に成功していた。このことからも分かるように、帝国は、襲撃者が大艦隊であるという固定概念に捕われていた。そのため、彼らには少数の戦闘機中隊による攻撃という発想が欠落しており、そのような設定で訓練を行うことは一度もなかったのである。

↓ デス・スターの砲手は、スーパーレーザーを正確なタイミングで同期させた後、照準を合わせて出力を充填し、発射を行う。これはコンピューター＝リンクされたヘルメットの能力と何千時間にもわたる戦闘訓練の賜物であった。

SUPERLASER FIRING STATION スーパーレーザー発射ステーション

1. システム・ステータス・パネル
2. エネルギー・トランスファー・リレー
3. 放射線レベル
4. エミッター・クリスタル高調波
5. レーザー・ステーション同調表示
6. 照準センサー微調整装置
7. 照準ディスプレイ
8. 支流ビーム調節装置
9. 集束フィールド極性
10. エネルギー充填レベル・インジケーター
11. システム点火キーパッド
12. パワー・フロー調節装置

スーパーレーザーを形成するための前段階として、8基の有人レーザー・ステーションがスーパー＝チャージされたエネルギーのビームを作り出しているが、これらステーションのうち1基でも故障した場合には、4基のバックアップ・レーザー・ステーションが即時稼働状態で待機していた。

8つのエネルギー・ビームはすり鉢型の巨大フォーカス・レンズの前にある中央増幅装置で収束する仕組みである。スーパーレーザーはその能力を最大限に発揮させるため、168名の帝国砲手によって有人操作され、最低14名の兵員が各支流レーザー砲に配備された。

SUPERLASER TRIBUTARY BEAM SHAFT

デス・スターの開発には数々の技術的難点が待ち受けていたが、それらの克服においては、とくに素晴らしいものがスーパーレーザーに関するエンジニアリングであり、要塞自身をそのとてつもないパワーから守るために組み込んだ数々の安全装置であった。ただし、そのような技術的難点の中には、クローン大戦中に立案された最高機密に属する兵器開発計画「ハンマートング計画」において、すでに提起され、解決済みとなっているものもあった。

ハンマートングは、当時の共和国最高議長パルパティーンの承認を受け、新兵器用のレーザー・ストリーム技術の利用域をさらに拡大すべく、その開発が進められていた計画である。ハンマートングにはクリスタル技術が用いられていた。惑星マイギートーでは昔から原住種族のムウンが合成クリスタルからパワーを得ており、そのエネルギーを蓄積し送り出す巨大なキャパシター・タワー群の周囲に都市を形成していた。共和国軍はマイギートーからその動力源を奪取し、ハンマートングに実験的に組み込んだのであった。ハンマートングのレーザー・ストリーム兵器には、支流ビームシャフトというものが必要であり、それらは、帝国樹立後、アトリヴィス・セクターにあるデソレーション・ステーションという施設で組み立てられた。信頼に足る情報によれば、ハンマートング計画は途中でデス・スター計画に取って代わられたようである。というのも、ビーム・シャフトはその後、デス・スターの建造場所に移送されたからだ。

8つある支流ビーム・シャフトは、個々に増幅クリスタルを内蔵している。そして、これらはスーパーレーザーの巨大なすり鉢状のキャノン・ウェルの外周に設置された。シャフトには収束コイルがあり、これが各ビームの一体化を保持している。支流ビームの調整と配列には完全さが求められた。さもなければ、中央ビームがまともに収束せず、結果発生した後方散乱がスーパーレーザーのハウジングに深刻なダメージを与えるか、悪くするとこれを破壊してしまうからだ。さらに発射プロセス時にも磁場や重力の変動が引き起こされる。これらの変動も増幅クリスタル群が調整不良を起こしたり、要塞がバラバラに砕けたりしないように、消散させる必要があった。

➔ デス・スター砲手が装着しているヘルメットに装備されているバイザーは砲手の目を守るためのものだが、帝国通信施設から入手した映像データを確認する限り、支流ビームシャフトにいる砲手の中には決まったように顔の下半分を露出させたままの者がいる。これはビームによって静電荷が集積している状態では、仲間の砲手とのコミュニケーションを直接口頭によって行う必要があるためと推測される。

スーパーレーザー支流ビーム・シャフト

1. 原エネルギー誘導装置
2. 一次収束コイル
3. 重力変動吸収装置
4. 増幅クリスタル・チェンバー
5. ガルヴン・コイル
6. コリメーター（視準装置）
7. パルス・キャパシター
8. 放磁装置
9. 精密照準コイル

↑ デス・スター内の支流ビーム・シャフトの設置場所については47ページを参照のこと。

← 砲手は保護バイザーを装着していたが、高輝度のエネルギー流を直視することのないよう、支流ビーム・シャフト内のコントロール・ステーションは、砲手がビームに対して背が向くような位置関係で設置されていた。また砲手たちはビームが最高輝度に達する前には目を閉じるようにしていた。

ENERGY & PROPULSION

エネルギーおよび推進装置

『パーソナル・データ・ジャーナル・エントリー　#461-484、グランドモフ・ターキンによる記録』より抜粋

デス・スターが要求するエネルギーはまったくもって大変な量である。そして、そのような量のエネルギーを自壊することなしに内包し、かつ放出することのできる兵器を作り上げることに挑戦することもまた同様に大変である、といえよう。レイス・サイナーが遠征型戦闘小惑星のコンセプトをそもそも不可能なことであるとして破棄したのも至極もっともなことだ。そのような膨大なエネルギーを発生させ、制御するとなると、その戦闘要塞はとてつもない大きさである必要がある。巨大パワーセルとエンジン、武器システム、人員の生命その他を維持する装置類、宇宙空間で要塞を移動させるための機構など、それらを収容するハウジングだけで要塞内部のほぼすべてが埋め尽くされることだろう。

デス・スターは通常空間を移動する能力だけでなく、ハイパースペースを航行する能力を持つことも必須となる。そうでなければ、我々がそれを使う意味がないのだ。ただし、ハイパースペース航行速度は高速である必要はない。なぜなら、標的となる惑星がこの要塞から逃れる術はないからだ。とはいえ、そこそこのハイパースペース航行速度が得られるならば、それはそれで喜ばしいことである。

要塞のリアルスペース（通常空間）における移動は巨大イオン亜光速ドライブ装置が担い、星系から星系への移動はハイパードライブ・エンジンが担う。だが、間違ってもデス・スターの移動速度に期待をしてはならない。それは惑星と惑星の間に隙間を探し出し、そこをのろのろと這って進むようなイメージであるといって差し支えないだろう。ハイパースペースにおいてもそれは同様で、化石並に古いガラクタと思しき貨物船にも追いつけない低速度となろう。ベヴェル・レメリスクには「ハイパードライブ乗数を3にできるとは思うが、もしかすると5か6にまで速度が下がる可能性もある」と警告を受けた。何の問題もない。時間がかかるというのは逆にそのような向きにはピッタリではないか。要塞の標的となった惑星の住民は、まるで無限とも思えるような時間を恐怖におののきながら、迎えるべき最期の運命をじっと待つことになるのだ。

HYPERMATTER REACTOR ハイパーマター反応炉

→ホログラム回路図を見れば、第2デス・スターには初代のものよりも優れたハイパーマター反応炉が積まれていることがわかる。

デス・スターの一次出力発生装置は巨大なSFS-CR2700ハイパーマター反応炉で、その燃料は周囲に配されたステラー・フュエル・ボトル群から注がれ、並外れた規模の融合反応を引き起こす能力を持っていた。反応炉は、スーパーレーザー、ターボレーザー砲床、123イス＝シムSSP06ハイパードライブ発生装置、2基のセプマ30-5亜光速エンジン、エネルギー・シールド、生命維持装置といった要塞上のすべてのシステムに動力を供給した。

ハイパーマター反応炉はデス・スターの中を通る筒状のポーラー・コラム（極と極を結ぶ支柱）の中央に設置された。このポーラー・コラムは動力の供給に加え、要塞の回転機能の安定化をも担っていた。反応炉コア（中核部）は何層にも重ねられたキャパシター・パネルによって包み込まれ、複数のリアクター・シャフトが要塞の外周に向かって伸びていた。

デス・スターには、エンジン、電気系統を問わず、数多くの余剰設備やサブシステムが備わっていたが、これは必要とあらばどのエリアにでも確実に動力を供給できるようにするためである。デス・スターの全サブシステムは相互に接続されているが、それだけではなく、すべてのサブシステムに常時最大出力が供給できるよう、主反応炉システムまでもがそれらすべてにつながっていた。

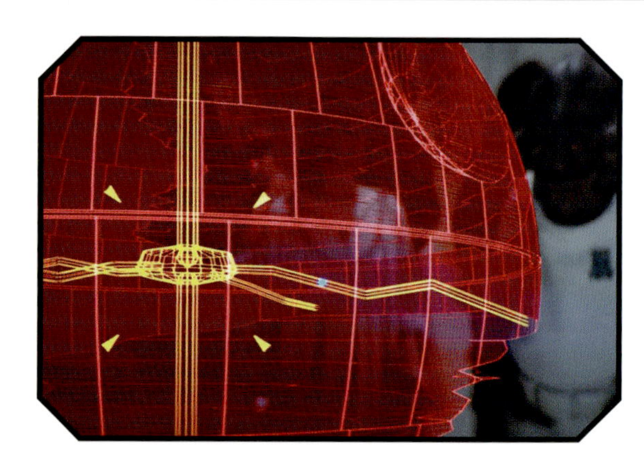

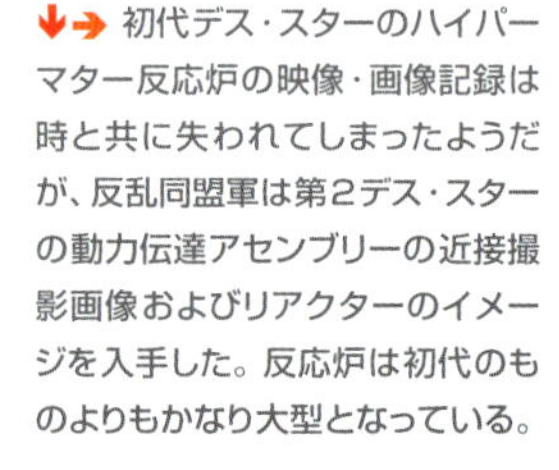

↓→初代デス・スターのハイパーマター反応炉の映像・画像記録は時と共に失われてしまったようだが、反乱同盟軍は第2デス・スターの動力伝達アセンブリーの近接撮影画像およびリアクターのイメージを入手した。反応炉は初代のものよりもかなり大型となっている。

初代デス・スターの
ハイパーマター反応炉

1. パワー・ディストリビューション・ノード（動力供給用接続ポイント）への出力点
2. 主動力発生装置
3. 静電気放電板
4. フィルター処理機能付き パワー・マニフォールド（動力連結管）
5. エネルギー交換装置
6. 一次出力連結管
7. 放射線遮蔽プレート
8. 閉じ込め場コイル
9. 反応室
10. スーパーレーザー動力用分流装置
11. 燃料注入装置
12. ハイパードライブ動力用分流装置
13. ハイパードライブへの一次出力
14. 燃料注入装置
15. 動力分流装置連結管コントロール装置
16. 一次燃料励起装置
17. 燃料制御バルブ
18. （ステラー・フュエル・ボトルからの）一次燃料供給ライン
19. パワー・レギュレーター（出力調節装置）
20. 緊急一次動力分流弁
21. パワー・セルへの出力点

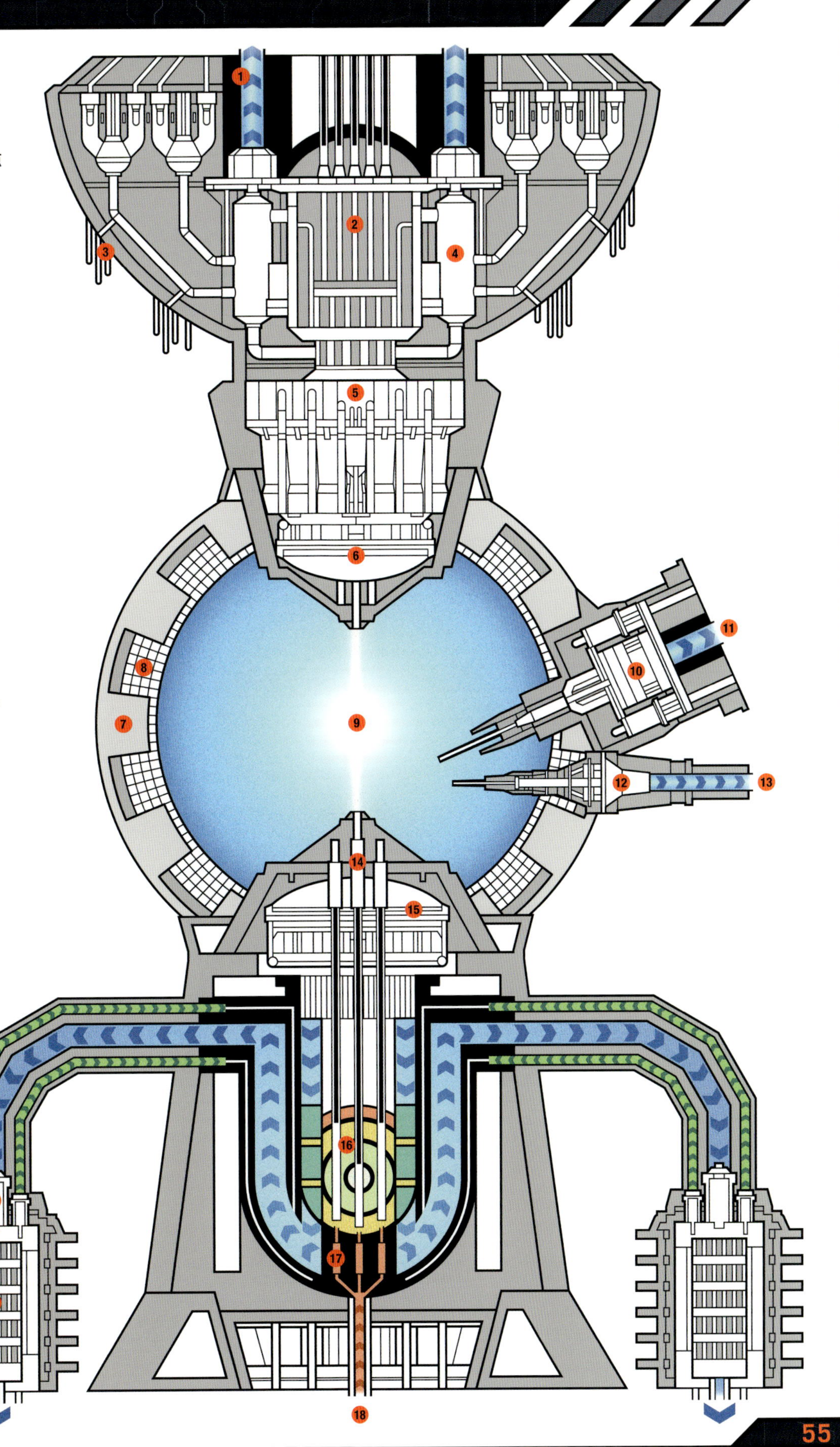

THERMAL EXHAUST PORT 排熱口

デス・スターのハイパーマター反応炉から出る超過エネルギーは排熱口を通じて宇宙空間に排出されるようになっており、地表部のあらゆる場所に設置されていた。排熱口は余剰熱や放射線による被害を効率的に防ぐことができたが、一方で、それらは反応炉と直接つながっているシャフトの真上にその口をぽっかりと開けているため、敵の攻撃に対しては非常に無防備であった。デス・スターの設計陣は、排熱口のうちのひとつで爆発が起きようものなら、それが主反応炉を破壊してしまうような連鎖反応の引き金になってしまう可能性があることを知っていたため、レイ（光線）・シールド発生装置を設置し、敵レーザー爆撃から排熱口を守る手だてを講じた。

反乱同盟軍はデス・スターの技術情報を入手し、プロトン魚雷のような実体弾を使うことで防御レイ・シールドを突破することができると判断した。また、排熱口のシャフトのひとつに正確に命中させることができれば、爆発が起き、それによって連鎖的にエネルギーの反動が生じ、さらにはそれらがサブシステムからサブシステムへと飛び火すると、主反応炉直近での爆発を呼び込むことになるだろうと結論付けた。もしデス・スターの設計陣がこれほどに多く相互接続されたシステムを作っていなければ、1発の魚雷が部分的にダメージを与えることがあっても、すべてを破壊するなどという事態は避けられたかもしれない、とは反乱軍参謀の弁である。

↓技術情報の漏洩により、一見何の変哲もない、幅2メートルの排熱口がデス・スター最大の急所となった。

ヤヴィン4の反乱軍基地内ではデス・スターの技術情報がビュースクリーン上に提示され、ジャン・ドドンナ将軍がパイロットやアストロメク・ドロイドを前に要塞攻撃の戦略について説明を行った。将軍はパイロットたちに対し、特定の排熱口へプロトン魚雷を撃ち込むよう指示した。

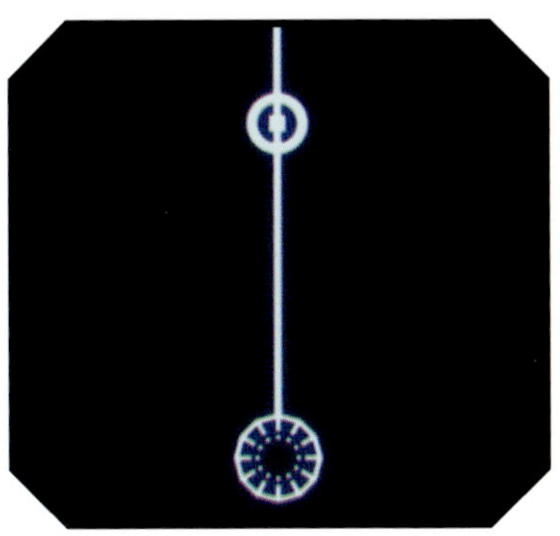

排熱口下のシャフト中を進むプロトン魚雷の戦術アニマティクス。

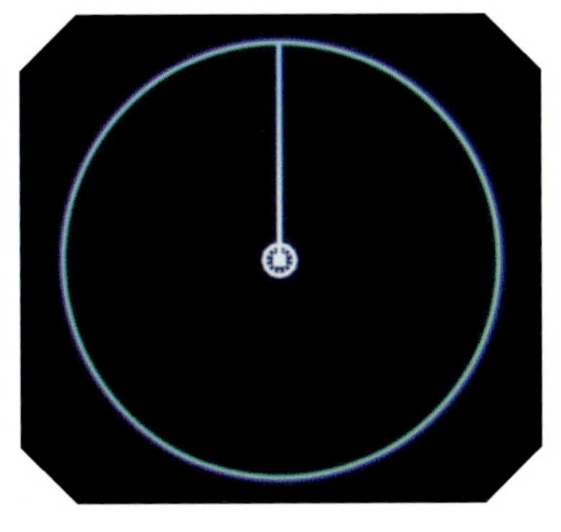

レイ・シールドに防護された排熱シャフトはデス・スターのリアクター・システムに直接通じている。

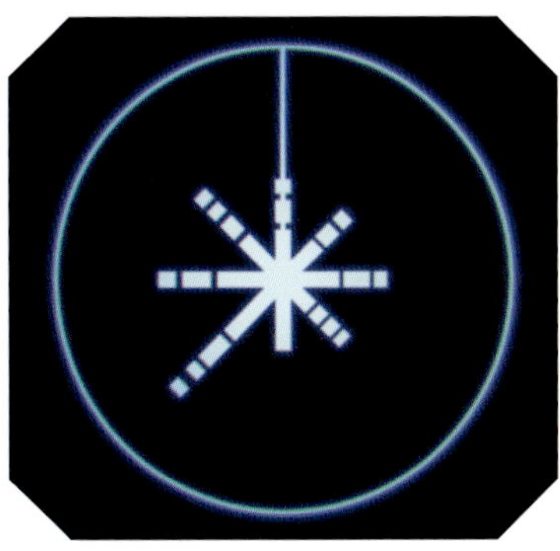

正確に命中すれば、デス・スター全体を破壊可能な連鎖反応の引き金となる。

ターゲットを目指し、要塞に攻撃を敢行する反乱軍のスターファイター部隊。

HYPERDRIVE STATION A-226 ハイパードライブ・ステーション A-226

ハイパードライブは亜光速ドライブと比較し、「ずっとクリーン」な航法であると考えられているが、超光速で船体を移動させるには極端に多くのパワー要求されることも事実である。デス・スターのハイパードライブ起動ユニットはフィールド・ジェネレーターをいくつもリンクしたもので構成されており、これはインペリアル・スター・デストロイヤーに使われているものと基本的には同じだ。123基あるハイパースペース発生装置はひとつのナビゲーショナル・マトリックスに接続され、デス・スターを超光速スピードで航行させるために必要な装置となっている。要塞内部で生成された超巨大パワーは、要塞自体の質量と相まって、磁気的、かつ人工的な重力場を形成。その重力場は要塞の何倍ものサイズの自然の惑星のそれと同等の大きさである。

デス・スター上のすべてのハイパードライブ・ステーションには専用の宇宙航行／ハイパードライブ・コンピューターが搭載されていた。これらのコンピューターは集合的に働き、帝国の支配領域すべての星系だけでなく、将来的に帝国が征服するであろう予定の幾千という他星系の座標情報をも記録していた。これはデス・スターに限らず、ハイパードライブ装置を積んだ宇宙船すべてにいえることだが、到着目標地点ぴったりに出現できるようにするためには、すべてのハイパースペース跳躍の計算は過剰といってもいいほど正確かつ緻密である必要があった。機関士や技師はハイパードライブ・ステーションのコントロール・ステーションに駐在し、デス・スターの全ハイパードライブ装置群の連携を確実にするため、リンクされたコンピューター・モニターで念入りにチェックを行った。

ハイパードライブ・ステーションのコントロール・ステーションとセントラル・パワー・コアの間には伸縮型の歩道橋が渡され、機関士や技師がパワー・コアのエネルギー・リードアウトを検査したり、過負荷やエネルギー漏れがないかをチェックしたりできるようになっていた。また、必要であれば修理を行うことも可能だ。放射線レベルは非常に高かいため、デス・スターがハイパースペースを航行中は、パワー・コアの検査はドロイドに任された。

↓ 惑星オルデラーンへのハイパースペース跳躍を要塞のオーバーブリッジからモニターするダース・ベイダーとグランドモフ・ターキン。デス・スターのような超巨大質量をハイパースペース跳躍させるには、すべてのハイパードライブ・ステーションがうまく連携して動く必要があった。

破壊される直前、デス・スターから観測された惑星オルデラーン。ナビコンピューターとリンクしたデス・スターのハイパードライブ・システムは、恒星や惑星の重力の影響を受けない離れた戦略領域へと要塞を運んだ。

1 チャージ・コイル
2 エフェクト・チャンネル
3 エネルギー分岐点
4 フィールド・スタビライザー・プレーティング
5 水平ブースター
6 出力調整装置
7 出力調整装置へのアクセス・プラットフォーム
8 コントロール・ステーション
9 格納式歩道橋
10 ターボリフト
11 開放型垂直シャフト
12 宇宙航行／ハイパードライブ・コンピューター

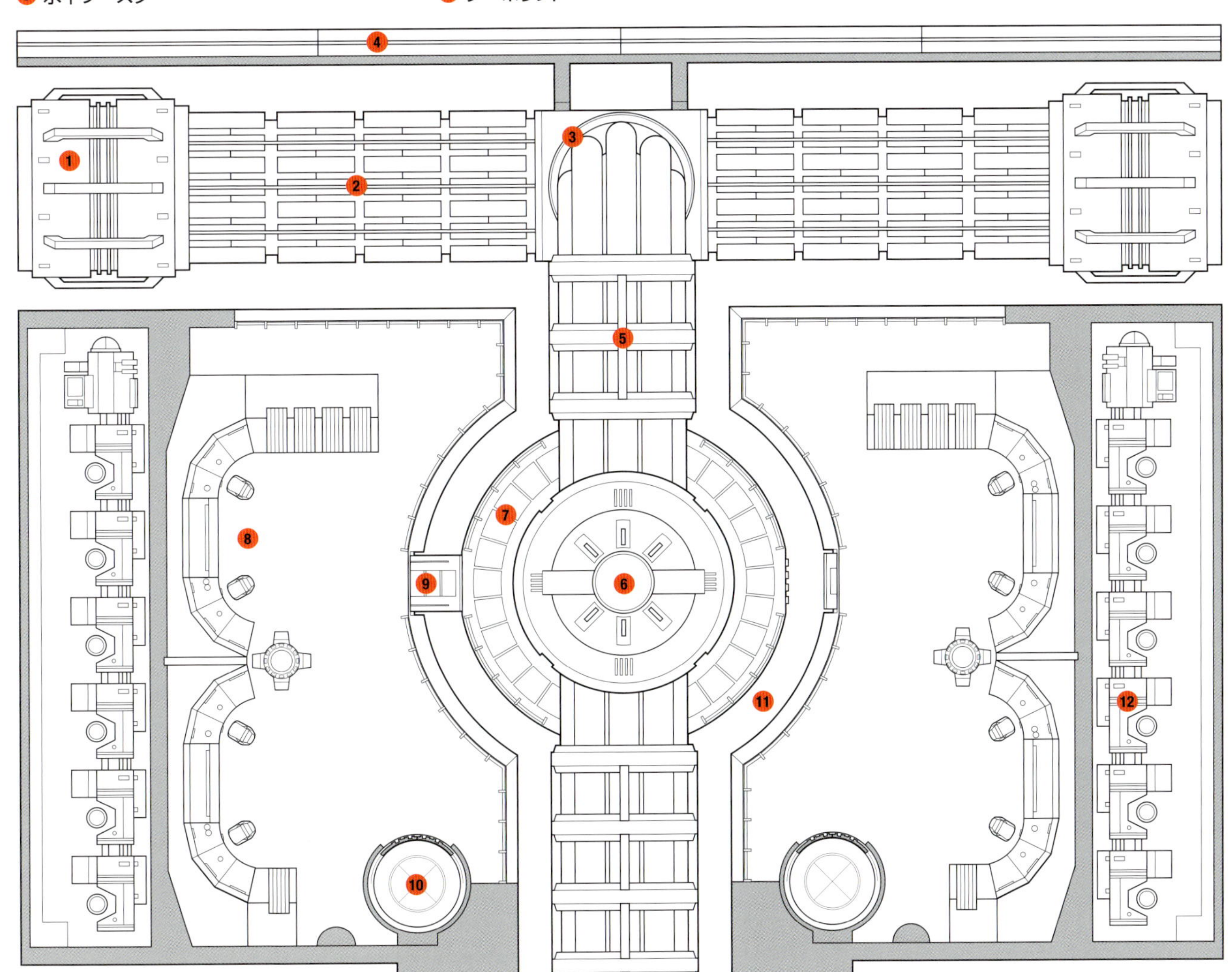

ION SUBLIGHT ENGINES イオン亜光速エンジン

➔ ヤヴィン星系でハイパースペースを抜けたデス・スターはイオン亜光速エンジンを使い、ガス巨星ヤヴィンの軌道上に移動した。

デス・スターの通常空間における推進力は強力なイオン亜光速エンジンによって担われた。エンジン・ブロックは要塞の赤道沿いおよび極に設置されており、エンジン内では要塞のコアで生成された一次エネルギーが融合反応粒子へと変換され、それが推進力へと変化し、要塞の巨大質量を移動させる力となる。これら一連の流れは要塞の巨大コンピューター装置によって制御されていた。このような大規模なイオン・エンジンでは、高レベルの放射線が発生してしまうという難点がある。しかし、超巨大物体の方向コントロールを可能とするシステムが他に存在するかといえば、そのようなものは存在しないことも事実であった。放射線を宇宙空間へ強制排出するため、ドライブ・ステーションには強力な排気装置が設置された。また、機関士は放射能防護服を着用し、定期的にイオン排気口の運用状態をモニターする任に就いた。

1. 推力ビーム
2. 収束フィールド・スタビライザー（安定化装置）
3. 排気用前段安定化スクリーン
4. 推力圧多岐管
5. イオン加速装置
6. シンクロナイジング・インターコネクター
7. 磁気チェンバー
8. 磁場安定化装置
9. 始動コイル
10. 支持枠組み
11. 電子注入装置
12. 反応炉からの動力搬送線
13. ドライブ・ステーション

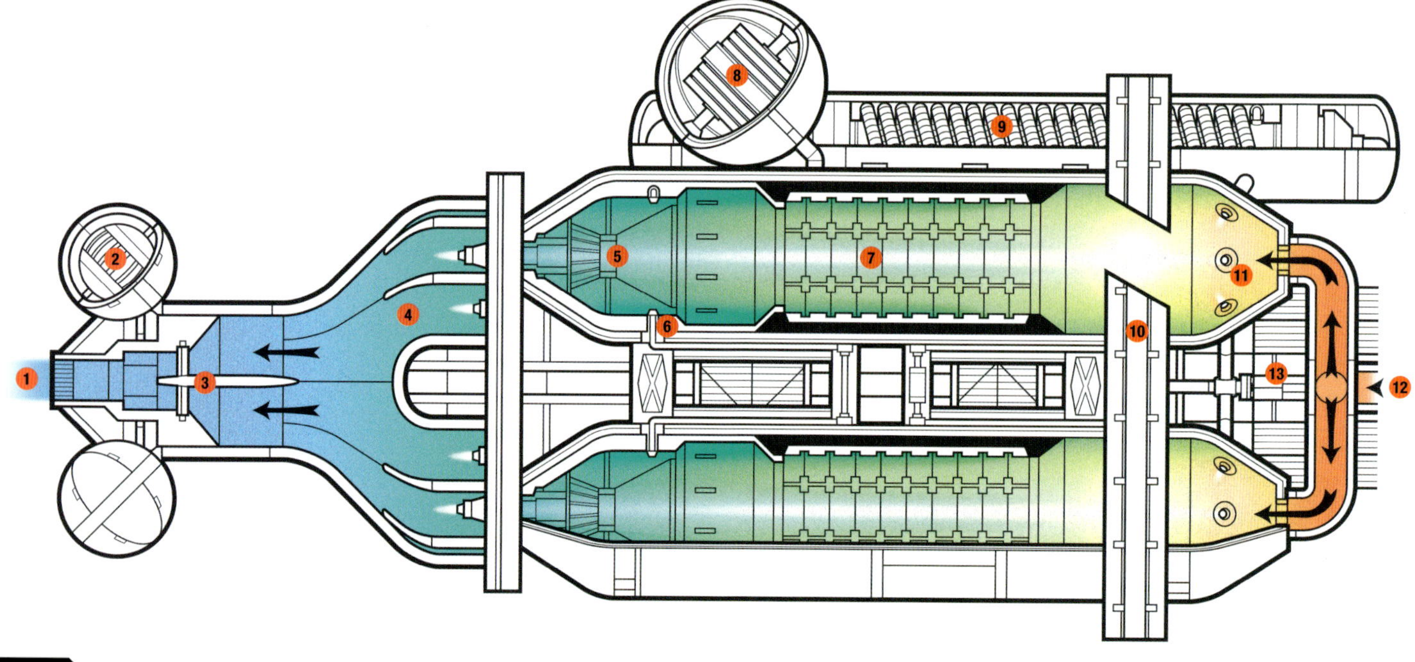

SUBLIGHT DRIVE STATION D-639 亜光速ドライブ・ステーション D-639

デス・スターに搭載された亜光速エンジンおよびハイパードライブ・エンジンを円滑に運用させるための専任部署が機関部であった。亜光速ドライブ・ステーションD-639では、機関士や技師が亜光速エンジンを運用する際に管理しやすいよう、ごく一般的なレイアウト設計がとられている。メイン・コンソールはふたつあり、ここからは、「クルー・ピット」と呼ばれる、クルーが亜光速エンジンを万全の状態で稼働させるために管理を行っているエリアを監視することができた。亜光速ドライブ・ステーション内には数えきれないほど多くのコントロール機器や装置があり、それらは非常に耐久性の高い部材で作られていた。だが、さまざまな制御機器を休みなく運用すれば、そのうち何かが故障することは不可避である。以上のような帝国設計陣の懸念から、要塞内には小規模なパーツ・ショップが設置された。これにより、ちょっとした故障の修理のために機関部員がわざわざデス・スターを出る必要はなくなるというわけだ。また、デリケートな回路の故障修理やアップグレードに際しては、それらを担当するドロイド技術者が常時、待機していた。

1. 放射線排出口
2. パワー・リレー
3. 電子コンジット
4. クルー・ピット
5. メイン・コンソール
6. ターボリフト群
7. ブリーフィング・ルーム（会議室）
8. 小型パーツ・ショップ
9. 資材倉庫
10. 機関士用オフィス
11. コンピューター・ルーム
12. 予備操舵室

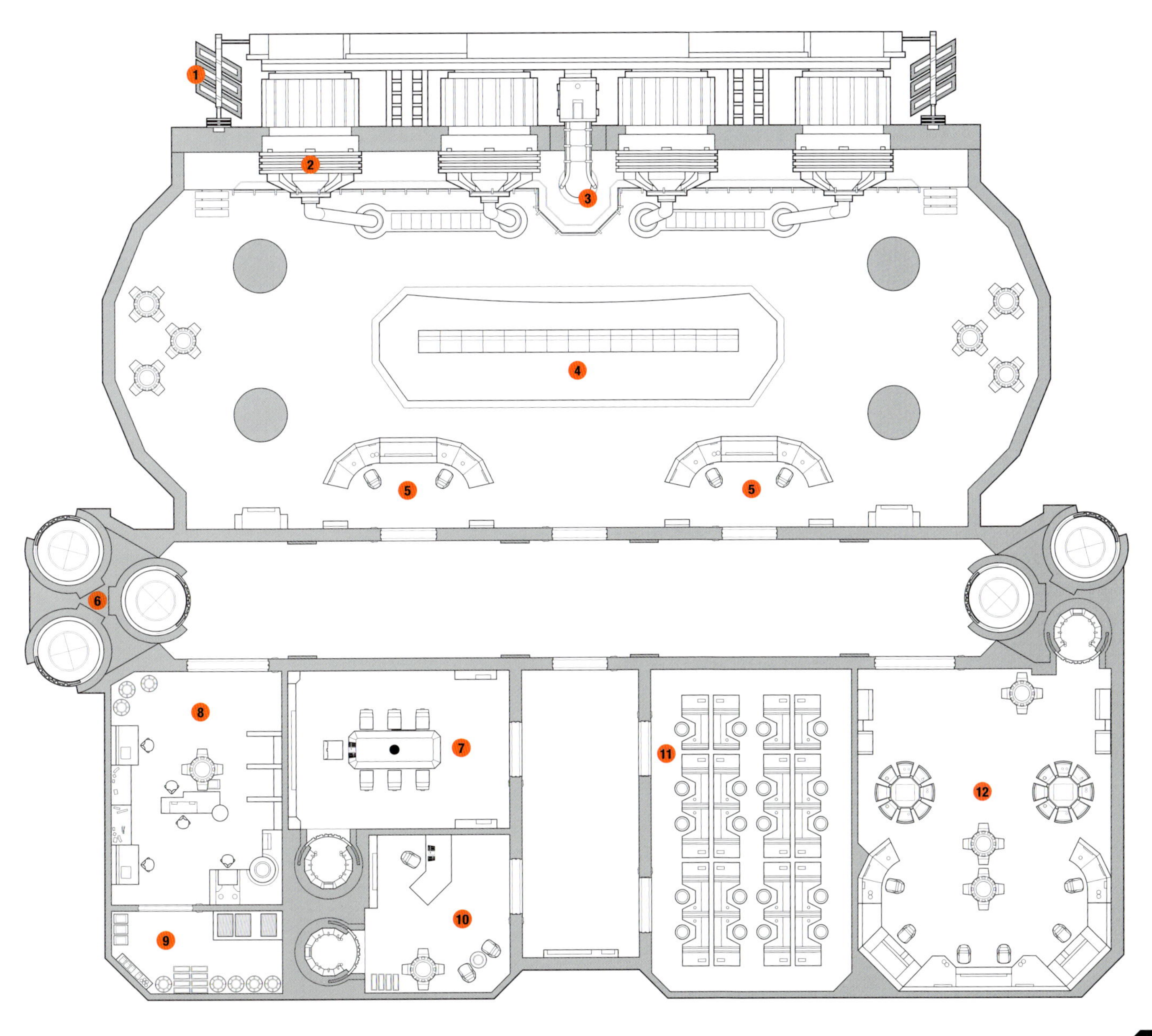

HANGAR BAYS

ハンガー・ベイ

『パーソナル・データ・ジャーナル・エントリー　#463、グランドモフ・ターキンによる記録』より抜粋

レイス・サイナーが考案した遠征型戦闘小惑星について語ると、その初期構想段階では、サイナー自身がエネルギーおよび巨大武器システム用スペースの問題に捕われすぎており、防衛や保守点検に必要な宇宙艇の設置場所に関してはまったくのおざなりとなっていた。彼のコンセプトで評価に値する点は、大型艦船用ドック・システムや、緻密に検討された多方向性リフト・チューブ・ネットワークを用意していたことだろう。だが、設計が進むにしたがい、戦闘要塞はより大型の建造物へと変化した。そうなると、地表部のあるセクターから別のセクターへと移動する場合、大抵は小型シャトルを利用する方がより効率的であることは明らだ。もちろん、そのような移動手段が機能するには、要塞に多くのハンガー（格納庫）やドッキング・ベイが備わっていることが前提条件となる。また、皇帝陛下も同意しておられることだが、超兵器というものはできるかぎり自立したものであらねばならぬ、というのが私の考えだ。大艦隊を外にぞろぞろと引き連れての移動などするべきではない。単体の破壊兵器として完結していればこそ、より効果的に畏怖の念を抱かせることができるからだ。

驚くにはあたらないが、ベヴェル・レメリスクの設計によるハンガーは私の予想を超えるものだった。デス・スターには数千のタイ・ファイターが容易に搭載可能で、完成の暁には、平均的な商用宇宙港よりも多くのハンガー・ベイが装備されることになる。さらに、無数のトラクター・ビーム投射装置やドッキング・ベイが、敵船の拿捕という明確な目的をもって戦略的に配置されている。

だが、レメリスクの設計において目立たないが実のところ最も驚嘆すべきは、これらハンガーやベイの設置方向に関してである。要塞の重力システムを実にうまく使っているのだ。デス・スターにおける居住エリアの大部分はコアに向かう形で重力が発生するのだが、ハンガー・ベイやハンガーを直接取り巻く通路については、コアに直交する形で建造され、重力もそれに倣うことになる。これを言い換えるならば、赤道の上方と下方、そして赤道の真上にあるほぼすべてのハンガーにおいて、同じ方向に重力が発生し、どのハンガーからも要塞の南極は「下」であり、北極は「上」であると認識されることになる。この方向付けは、要塞に出入りする宇宙船に対して素晴らしく統一の取れた離着陸軌道を与えるだけでなく、リフト・チューブ・システムの多数の分岐点を単純化し、さらには要塞内における絶対的な身分の上下関係をはっきりと意識させることにも役立てられよう。

正直に言えば、当初私はこう思っていた。レメリスクはサイナーのオリジナル・プランを踏襲し、地表沿いに敷設されるハンガーの設置アングルはそれぞれ違ったものになるだろう、と。だが、レメリスクの導き出した方法は見事というしかない。そこにあるのは、偉大なる帝国科学技術への信奉であり、重力などという自然法則に対する拒絶だ。端的に言おう、デス・スターとはまさしく、完全なるもの、なのだ。

EQUATORIAL DOCKING BAYS (BAY 327)

デス・スターの表面に見える何本もの緯線トレンチ、それらの正体は要塞を取り巻く大小無数のハンガー・ベイである。大型のベイでは複数のサポート・デッキが周囲に配されている。それらデッキの内訳はビークル・メンテナンス・ショップ、緊急メディカル・ステーション、パイロット待機室などである。また、大型のベイからはリパルサー・シャフトが伸び、要塞の奥深くにあるストレージ・ベイへとつながっていた。より小型のハンガー・ベイとしては１機あるいは２機程度のシャトルを扱える規模のシャトル・ハンガーがあり、これらは要塞全体のありとあらゆる場所に設置され、通常、要塞に常駐している人員の移動に使用された。また、外部からの宇宙船がデス・スターに着陸、あるいは宇宙へと離陸する際には、ラティテュード(緯線)・ベイ・コントロール・タワーがその管制を行った。

デス・スターが擁する他のハンガーと同様、ドッキング・ベイ327にも、損傷したビークルに対処するためのトラクター・ビーム投射装置や内部用エマージェンシー・リパルサー・フィールドが備わっていた。トラクター・ビームは推進機能や方向転換機能を失った宇宙船を誘導する場合に投射され、エマージェンシー・ジェネレーターはベイひとつをリパルサーフィールド・クッション・ランディングで満たし、機体が着陸する際の衝撃を緩和した。壁面やデッキにはパワー・セル・チャージャー・ソケットが並んでおり、停泊中の宇宙船などがすぐに次の任務に移れるよう、燃料供給ができる仕組みとなっている。また、デッキには方向指示マーキングが付けられており、宇宙船を安全な停泊場所へと誘導するため、タワーから照明が当てられていた。さらに各デッキには、兵員やビークル、貨物、メンテナンス装置などをハンガーの下に設けられている兵舎、工作室、備品室へ搬入出するための大型リフトが１基備わっている。

ディープ・ストレージ・ドッキング・ベイ

デス・スターでも最深部にあるハンガー・ベイには、通常のルーチン・ワークでは使われることのないランド・ビークル、バックアップ・シャトル、スターファイター、特殊保守点検艇などが一式装備されていた。これらは複数のステイシス・フィールドによって塵や埃、あるいは害虫や害獣などから守られ、完璧な状態で保持されている。そして、徴発となった場合には、リパルサー反重力フィールドがベイに投射され、目的の機体がステイシス・フィールドからリパルサー・シャフトへと移された。さらに、リパルサー・シャフトからは要塞上の任意の地表緯線ハンガーへの移動が可能となっていた。

帝国通信施設から入手したイメージには、デス・スターのトラクター・ビームに捕まり、赤道ドッキング・ベイに誘導されて行くYT-1300貨物船〈ミレニアム・ファルコン〉を写しているものがある。ターボレーザー砲床の脇に立っているストームトルーパーが、拿捕されたファルコンの動向を監視している。

複数のステイシス・フィールドは、それらの一体性が確実に保たれているかが定期的にチェックされた。ディープ・ストレージ・ドッキング・ベイの警備は、武器庫の監督と同等の厳重なる注意を払って、行われることを旨としていた。

↑ドッキング・ベイ・コントロール・ルームの窓から見たハンガー・ベイ327の様子。

↓ ドッキング・ベイにストームトルーパーを補充する大型リフト。

DOCKING BAY CONTROL ROOM ドッキング・ベイ・コントロール・ルーム

デス・スター上のハンガーとドッキング・ベイには、そのすべてに監視用のコントロール・ルームが備わっていた。コントロール・ルームは別名、コントロール・タワーとも呼ばれたが、そのそれぞれにはコントロール・チームが置かれ、ハンガーにおける全宇宙船の往来発着をモニターした。彼らは所属ゾーンのメイン・コントロール・タワーに報告を行い、またそこから命令を受けた。メイン・コントロール・タワーは、メンテナンス要員、緊急医療チーム、飛行支援要員、およびドロイドから構成され、必要定員を完全に満たした万全のスタッフで運用されていた。各ゾーンのメイン・コントロール・タワーにはセンサー・リレー、フライト=トラッキング・スクリーン、宇宙船間における通信機能、トラクター・ビームおよびリパルサー・リフトのコントロール機能、担当ゾーン内に設置されている各ハンガーおよびドッキング・ベイの磁気フィールドを調整するコンソールが備わっている。

ドッキング・ベイ・コントロール・ルームは通常、コンピューター・コンソールを有しており、データにアクセスしたり、デス・スターの他のエリアをモニターする場合に使用された。出入口近くにはブラスター・ライフルのラックが設置されている。これはハンガーに敵が侵入した際などにクルーがすぐに銃を手にできるようにするためである。このルームには、また、囚人を監房レベルへ護送する際に使う拘束具など、さまざまなセキュリティ・サプライも収納されていた。

➔ 持ち場のコントロール・ルームの窓からドッキング・ベイを調べるトレイディウム大尉。帝国人事記録との照合により、この人物がドッキング・ベイ327の責任者でガントリー・オフィサーのボル・トレイディウム大尉であったことが確認されている。

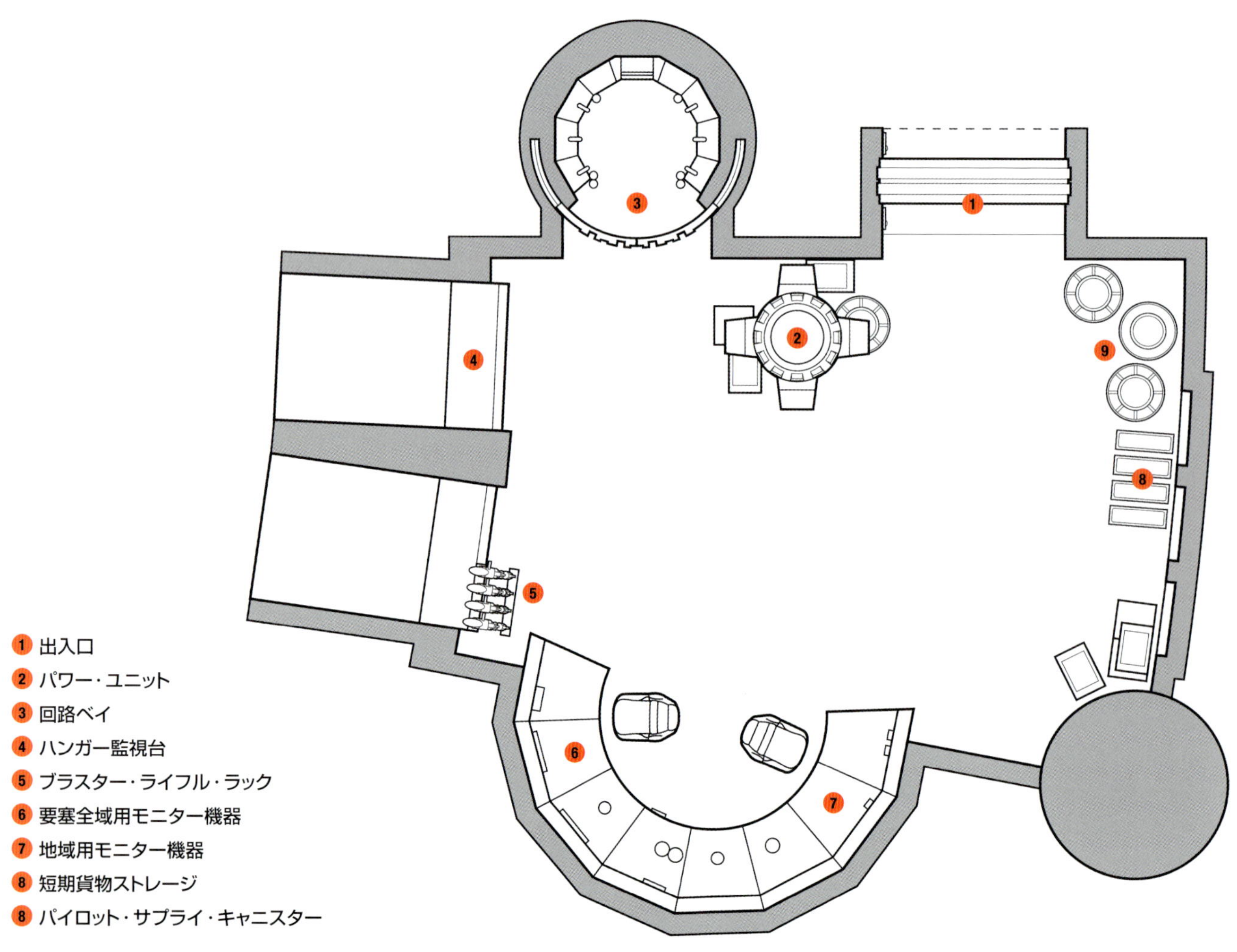

1. 出入口
2. パワー・ユニット
3. 回路ベイ
4. ハンガー監視台
5. ブラスター・ライフル・ラック
6. 要塞全域用モニター機器
7. 地域用モニター機器
8. 短期貨物ストレージ
8. パイロット・サプライ・キャニスター

ドッキング・ベイ・コントロール・ルーム・オフィサーは、コムリンクが内蔵されたコンソールでモニターを行い、インペリアル・ストームトルーパーや他の部署の人員との通信を行った。

コントロール・ルームにあるコンソールのモニターには通常、ビークル、人員、隣接ハンガーの内部状況に関するデータが映し出されたが、それに加えて、デス・スターのほぼすべてのエリアの概略図も表示可能となっていた。

ミレニアム・ファルコンのクルーと共にデス・スターに乗艦したドロイドのC-3POとR2-D2。2体はドッキング・ベイ・コントロール・ルームのコンピューターからデータにアクセスすると、仲間がプリンセス・レイア・オーガナを救出するための手助けをし、さらに、デス・スターからの脱出においてもサポートを行った。

EXECUTIVE DOCKING BAY エグゼクティブ・ドッキング・ベイ

➔ 第2デス・スターのエグゼクティブ・ドッキング・ベイに到着したダース・ベイダーは、要塞建造の責任者であるモフ・ジャージャロッドに迎えられた。

デス・スターには複数のエグゼクティブ・ドッキング・ベイが備わっていた。こうしたベイは帝国上級将校、あるいは政府の高官や要人専用として用意されたもので、赤道トレンチ内に設置され、余裕のある広々としたつくりとなっていた。また、これらは通常の帝国のトランスポートや宇宙船が使用するベイに比べて極めて頑強に作られており、トレンチ壁内とその周囲にエネルギー・シールド発生装置やトラクター・ビーム投射装置などを配することで、トラブルとは無縁の発着を約束していた。ベイ内はマイクロ＝クリーニング・システムを搭載した小型ドロイドが清掃を担当し、床一面を塵ひとつない状態に保っていた。

エグゼクティブ・ドッキング・ベイの中でも最大のものはパルパティーン皇帝専用のベイだ。その広さは到着の歓迎に集まる何百という将兵を収容できるほどである。また、このベイの近くには、それよりも小ぶりのエグゼクティブ・ドッキング・ベイがダース・ベイダーのために用意された。このふたつのベイはともに、ラムダ級シャトルが問題なく発着できるよう設計されていた。

デス・スターの他のドッキング・ベイと同様、エグゼクティブ・ドッキング・ベイの出入口も、一見、真空の宇宙に対して無防備に露出しているかのように見える。だが実際には、強力な磁気フィールドで守られており、それによってベイ内部には空気が保持されていた。また、この磁気フィールドには宇宙船のベイへの出入りに合わせてその密度を変化させる機能も備わっている。シールドやエンジンの損傷した機体が到着する際には、ベイ・コントロール・クルーが防護装具を着用した者以外の人員をそのベイから退避させた。退避後、要塞内の大気圧を安定させるためブラスト・ドアを降ろし、減圧に耐えうる密閉状態を形成するのだ。

➔ 第2デス・スターの建造中、その進捗状況を確認するために訪れた皇帝を多数のストームトルーパーが整列して出迎えた。

第2デス・スターのドッキング・ベイのひとつはダース・ベイダーが搭乗するシグナス・スペースワークス製のラムダ級T-4aシャトル専用となっていた。

ドッキング・ベイ内の人員は、要人の乗る宇宙艇のタラップが降ろされた瞬間から直立不動の姿勢をとることが帝国の規則によって定められていた。

第2デス・スターに関する状況を即時にダース・ベイダーに報告するべく、出迎えを引き連れて待機する高級士官。

TIE HANGAR タイ・ハンガー

デス・スターにはシャトルなどのトランスポートを停泊させるための機能を持つハンガー・ベイが多数ある。しかし、ハンガーの大半は、要塞が搭載する7000機にもおよぶタイ・ファイターのためのものだった。これらのハンガーは着陸装置を持たないタイ・ファイターの収容、離発着、点検に特化した特殊仕様となっていた。こうしたハンガーは、最小で2機を収容する小型のハンガーがある一方で、6中隊の72機、最大では2個航空団を収容可能な大型のハンガーもあった。同様のタイ・ファイター専用ベイはほとんどのスター・デストロイヤーにも備わってはいたが、それらはせいぜい航空団半分程度を収容できる規模でしかなかった。

各タイ・ハンガー・ベイには床上数メートルの天井位置に機体を保持するためのラックが設置されており、パイロットはラック上方に組まれたガントリーを渡って乗機に向かい、シーリング・ハッチから機体に乗り込んだ。その後は、パイロットが着席しハッチが閉じられると、ラックは機体を切り離し、下方に準備されているリパルサー・フィールドに向かってタイ・ファイターを落下させる。リパルサー・フィールドは機体をベイ出入口へと移動させるが、そこからはトラクター・ビームが自動で機体を捉え、磁気フィールドを通過させて宇宙に送り出す、という手順だった。タイ・ファイターがハンガーへ帰投すると、再びトラクター・ビームが機体をラックへと誘導するようになっていた。ハンガーは周囲をデッキ群が取り囲んでいたが、これらはスターファイターおよびパイロットを総合的にサポートするよう設計されていた。

1. シップ・ガントリー
2. パイロット用キャットウォーク
3. 搭乗プラットフォーム
4. 梯子
5. 乗降ハッチ
6. コクピット・ビューポート
7. 回転クロー
8. 発進用リリース・ガイド
9. ソーラー・アレイ・ウィング
10. ウィング・ブレース
11. レーザー砲

↓ 帝国宇宙軍でも生え抜きの集団である帝国軍パイロット。その彼らでさえ、タイ・トレーニング・プログラムに参加するためには厳しい試験や選抜に耐えなければならない。デス・スターには167216名のパイロットが駐屯していた。

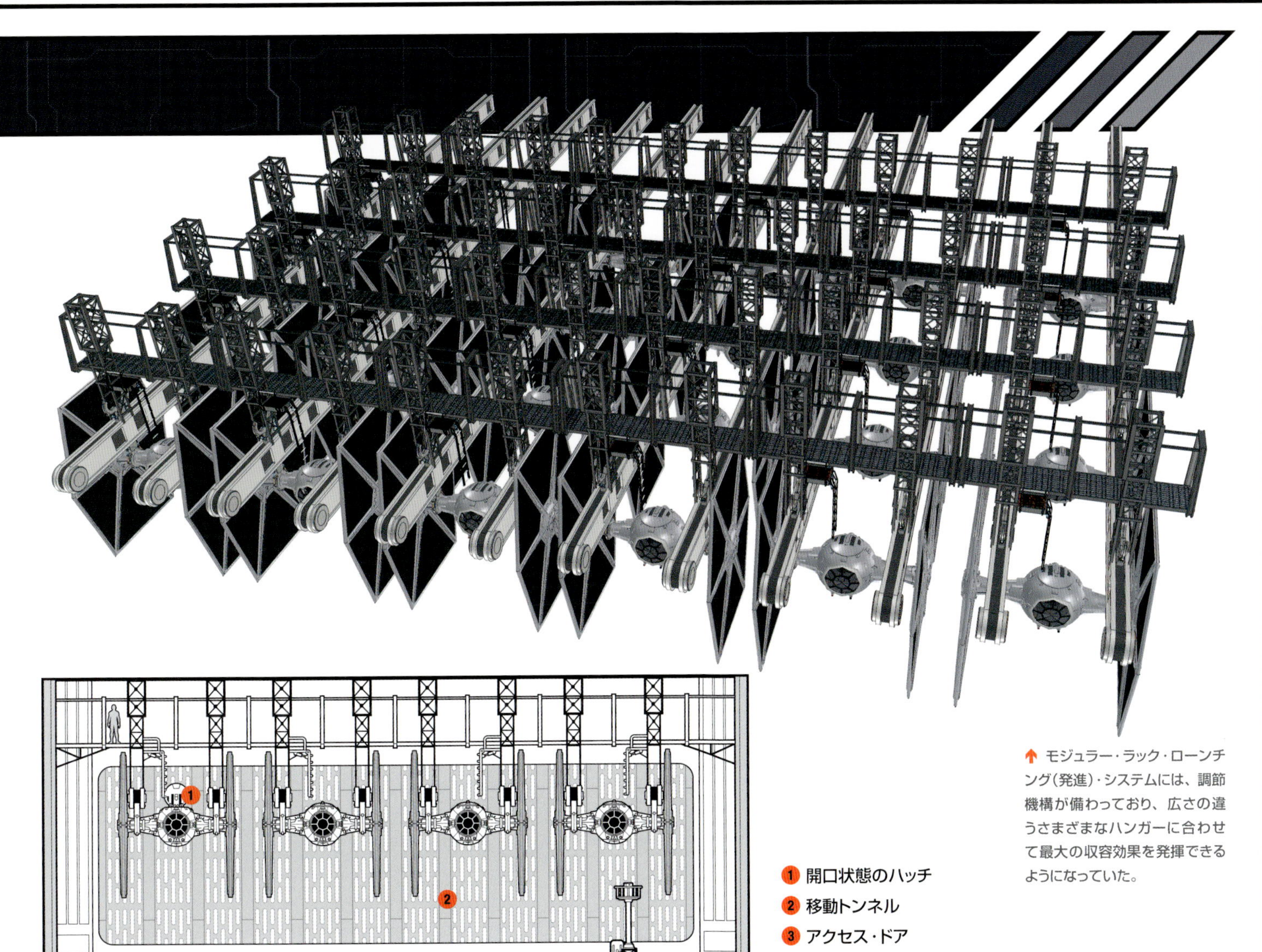

1. 開口状態のハッチ
2. 移動トンネル
3. アクセス・ドア
4. 燃料注入ポッド
5. 開口状態のブラスト・ドア
6. 保守点検用ガントリー

↑ モジュラー・ラック・ローンチング(発進)・システムには、調節機構が備わっており、広さの違うさまざまなハンガーに合わせて最大の収容効果を発揮できるようになっていた。

↓ 軌道機雷やプロトン爆弾を積んだタイ・ボマーがハンガー・ベイ・フロアの上方で待機している。

CITY SPRAWLS & TRENCHES

シティ・スプロール&トレンチ

『デス・スター宇宙軍作戦司令官、帝国軍コナン・アントニオ・モッティ提督の日誌』より抜粋

デス・スターを遠くから見ると、単に、空気が無く、軌道を飛び出し、巨大な衝突クレーターを残した月、というような印象だろう。だが、近寄ってみれば、この「月」が自然物などでは決してないことが分かる。クレーターは明らかな対称形を成しており、無作為に何かが衝突した結果でないことは自明だ。クレーターの下には、黒い線が球体の赤道を取り巻いているが、これが球体を北半球と南半球に分割している。尾根や峡谷、渓谷などが見えるが、これらも自然の造形物とは異なる。その表面を細かく見てみると、並びは平行で、交差角度は直角と、まったくの幾何学的パターンで形成されている。

「クレーター」とはもちろん、スーパー・レーザーを収束させるためのコレクター・レンズだ。デス・スターの砲手はこれを「アイ(目ん玉)」と呼んでいる。赤道の黒い線はトレンチで、そこには、ドッキング・ベイや各種砲床などが備わっており、他にもさまざまなものがつながっている。そして表面地形を構成しているのは実際のところ、モジュラー式帝国建築物の集積によるシティ・スプロールの広がりなのである。スーパーレーザーはこの要塞の最も目立った装備だが、トレンチやスプロールも決してそれに劣るものではない。加えて、多数の排熱口、ヒート・シンク、亜光速推進装置、ハイパードライブ推進装置、トランスパリスチール・ビューポート、コズミック=レイ・シンク、余剰エネルギー排出口、ナビゲーション・ライトなど、すべての機構が集積され、相互に組み合わされることで、この恐るべき超兵器が成立しているのだ。

デス・スターに初めて遭遇した敵は、瞬時に自らの無力さを思い知るにちがいない。もしその時の相手の顔を見ることができれば——個人的には非常にそそられるが——彼らの眼差しに恐怖が広がっていくさまは、これ以上ない見物となることだろう。

反乱軍のXウイング・スターファイターに搭載されていたアストロメク・ドロイドの1体が、ヤヴィンの戦いの最中に負傷しつつも撮影した画像。デス・スターの緯線トレンチ内を飛ぶタイ・ファイターとタイ・アドバンストX1プロトタイプ・ファイターが写っている。

CITY SPRAWL NORTH 7: A68 シティ・スプロール・ノース7：A68

デス・スターのほとんどすべての居住セクションは既成のモジュールを組み合わせる工法で作製されたものだったため、シティ・スプロールの構造やレイアウトは帝国の惑星前線基地や研究施設のそれと非常に似通ったものとなった。北半球のゾーンN7に位置するシティ・スプロール・ノース7：A68は要塞の地表に無数に作られた地域的建造物の典型的な一例だ。ターボレーザーは多階層構造のタワーに設置されていた。タワーは複数基あり、それらすべては戦略的に配置され、連携して攻撃できるようになっていた。スペース=トラフィック・コントロール・タワー（宇宙交通管制塔）群のすぐ近くには、複数の大型ワークステーションがあり、それらがシールド投射装置の運用や保守を担当した。多くのセンサー・アレイと隣接する巨大通信施設ではホロ通信や音声通信の送受が行われた。

ノース7：A68は独立した「ヴィレッジ（村）」として運営されており、そこからはセンサーや通信ネットを通じて定期的にゾーンN7のコマンド・セクター・コンピューターにデータが送られた。そのデータは次に、集積と分析のため、コマンド・セクター・コンピューターからオーバーブリッジ・インテリア・セントラル・コンピューターへと転送された。そして、オーバーブリッジの複数のセントラル・コンピューターが集合的にデータ処理を行い、デス・スター外部にいかなる活動が見られ、どのような状態となっているかを徹底的かつ総合的に判断した後、完璧な状況予測結果をはじき出すと、それをコマンド・セクターへと返した。検査、修理、防御といった目的で、複数のシティ・スプロールにまたがった、より緊密な連携が必要とされる場合には、オーバーブリッジが全ゾーンのコンピューターをコントロールすることも可能となっていた。

ノース7：A68にはデス・スター上で活動するコマンド、ミリタリー、セキュリティ、サービス／テクニカル、ハンガー、ジェネラルといった各主要セクターの代理出張部署となるオペレーション・センターが集まっていた。各オペレーション・センターにはコマンディング・オフィサー（指揮官）が1名がそれぞれ常駐し、デス・スターの指揮系統の上位に位置するインテリア・コマンド（内部司令部）に随時報告を行う。これよりさらに続く指揮系統の最上位は、グランドモフ・ターキン、モッティ提督、タッグ将軍の3名が寡頭的に治めるオペレーションズ・コマンド（作戦司令部）である。

↓ デス・スター北半球のゾーンN7。

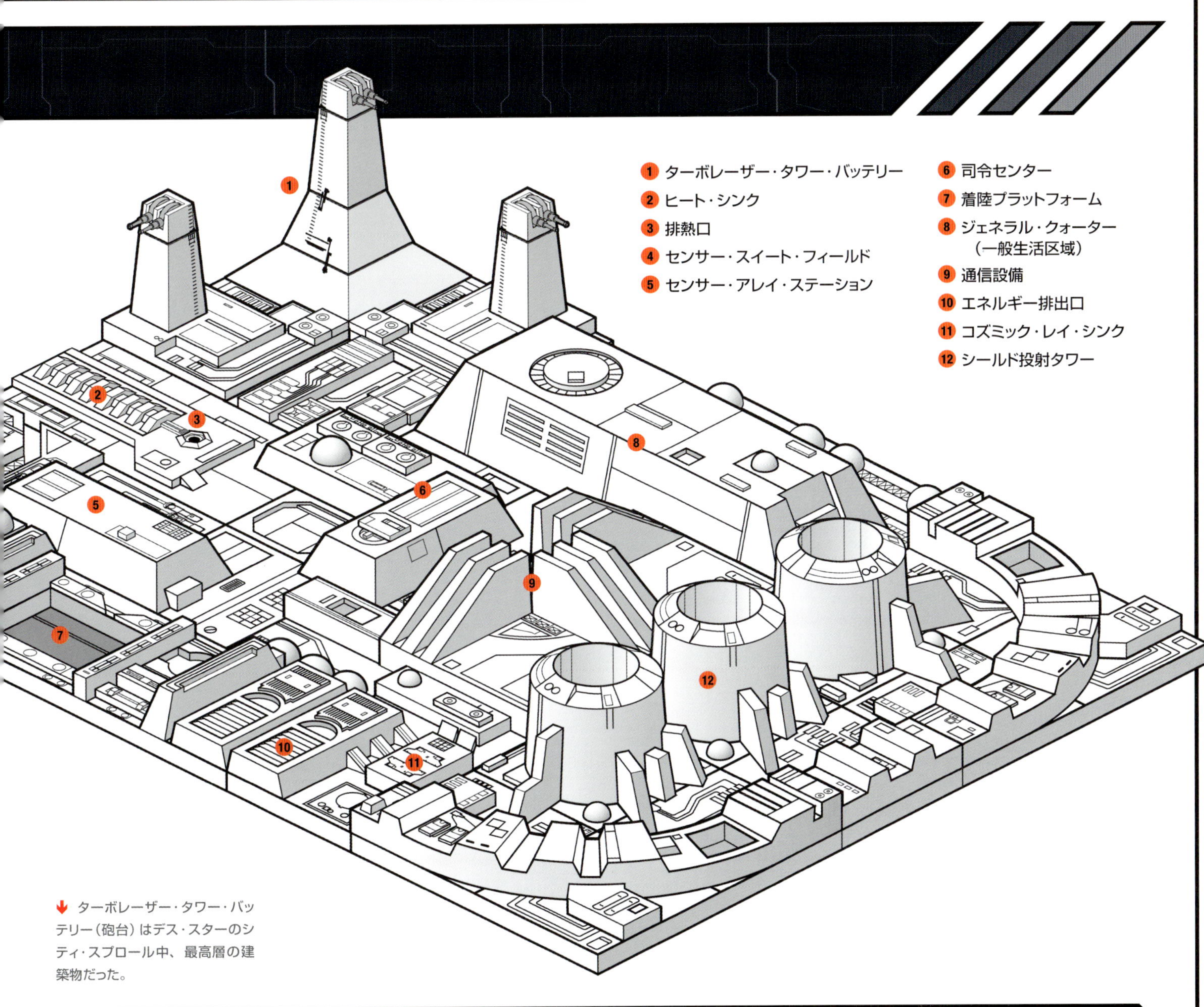

ターボレーザー・タワー・バッテリー（砲台）はデス・スターのシティ・スプロール中、最高層の建築物だった。

TRENCH VIEWS トレンチ・ビュー

デス・スターには（経線に対し）直角に地表を横切る長いトレンチがいくつもあり、それらにはサービス・ポート、ドッキング・ベイ、ハンガー、排熱口などが備わっていた。トレンチは一般的に何キロメートルにもわたる直線で、中には要塞の球体を１周するものさえあり、とくに赤道を通るトレンチは最も目を引く特徴となった。

シャトルやスターファイターのパイロットたちは、これら大小のトレンチを方向マーカーとして利用した。というのは、デス・スター上の離れたゾーン間は、シャトルなどで移動する方がターボリフトを使うよりもしばしば効率的であり、パイロットは主要トレンチを飛行経路としても活用したからだ。

トレンチ内にある多くのアクセス・ポートやディスポーザル・ポート（廃棄物排出口）が低エネルギー・シールド投射装置によって守られていたが、防御用の主力兵器は、トレンチの最高層部沿いとフロア沿いに設置されたXX-9重ターボレーザー・タワー群であった。トレンチ防衛システムは、ターボレーザー砲台が誤ってお互いを撃ったり、要塞の外殻や地表部を傷つけたりしないようプログラムされていた。

主要トレンチは溝が深く、各シティ・スプロールを分断する境界線となっていたが、小規模のトレンチは溝が浅く、単にスプロールを横断している凹みでしかなかった。メンテナンス・クルーはトラクター・ビームを利用し、投棄したゴミの逆流やトレンチへの流入を防いだ。

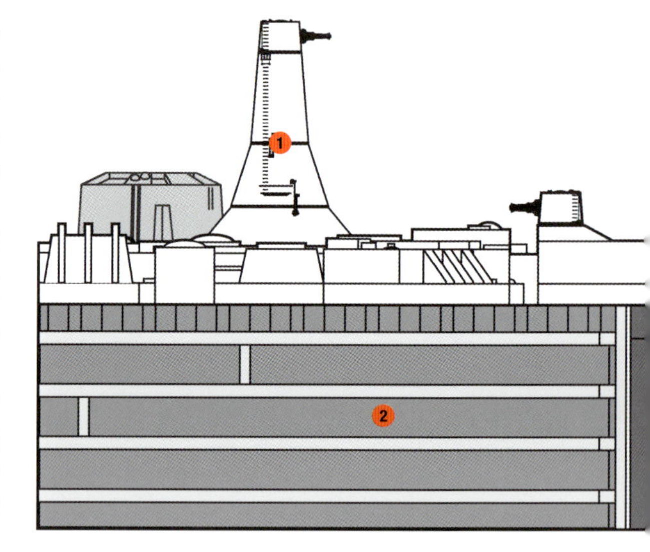

➔ デス・スターの北極領域を横断する緯線トレンチ。上空からの撮影。

➔ 要塞の緯線トレンチには、３機の単座式スターファイターが編隊を組んで飛べるほどの幅があった。

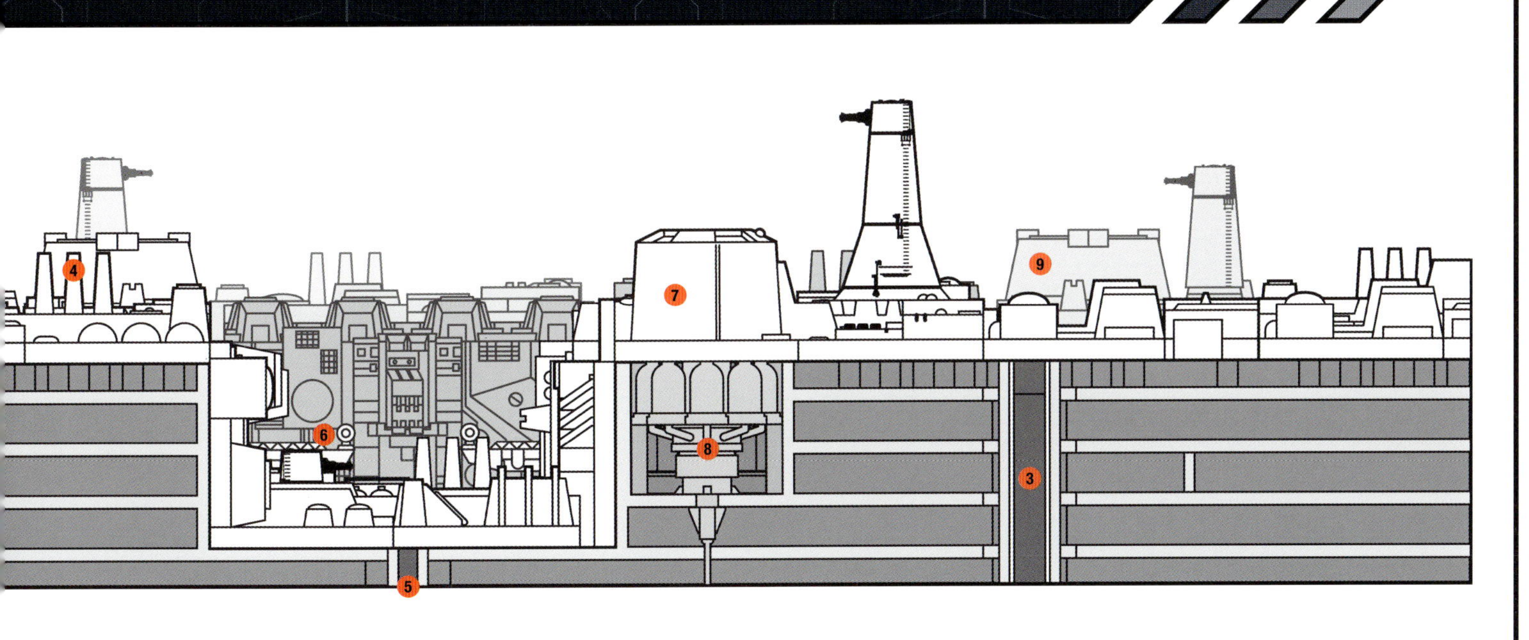

デス・スターの設計陣は、トレンチに敵のスターファイターが侵入してくる可能性に気付いていた。だが、彼らは、そのような攻撃がなされる前に帝国の火力が敵機を撃滅するはずであるから、さしたるダメージはない、と高をくくっていたのだった。

1. ターボレーザー・タワー
2. 地下レベル
3. ターボリフト・シャフト
4. 通信設備
5. 排熱シャフト
6. レイ・シールド投射装置
7. シールド投射タワー
8. シールド発生装置
9. 防御フィールド発生装置
10. 動力分配点
11. 保守点検用アクセス・ポート
12. シャトル着陸パッド
13. コズミック・レイ・シンク
14. センサー・スイート・フィールド
15. エネルギー排出口
16. ヒート・シンク

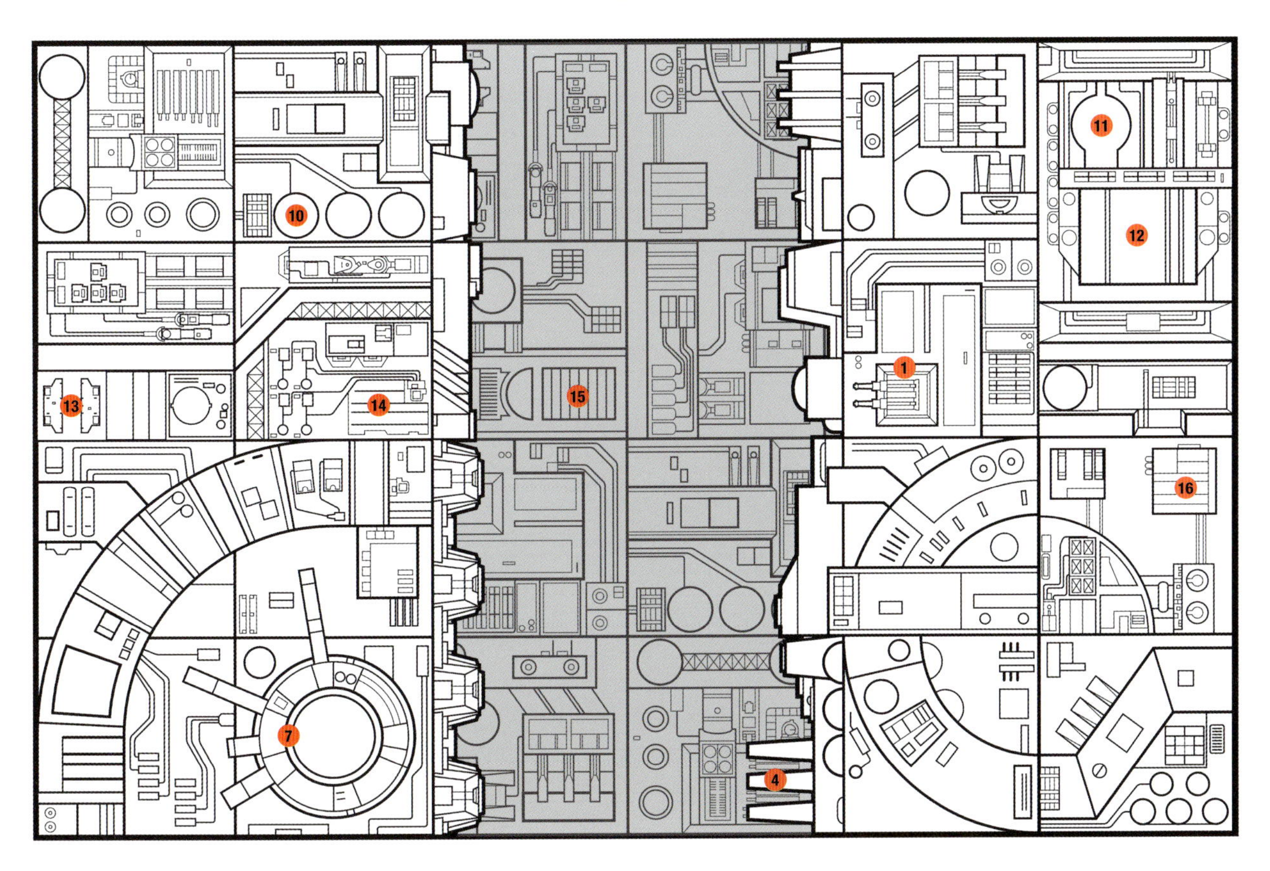

GENERAL QUARTERS ジェネラル・クォーターズ

ノース7：A68に駐屯する全人員はジェネラル・クォーターズ（一般営舎）・ビルディングと呼ばれる大型の建物で生活をしていた。リビング・クォーター（生活区画）には上級士官用の部屋がいくつもある豪華なマンション風の宿舎から、クルー用の質素なものまでさまざまなレベルの住環境が用意されていた。上級士官は個室を手にすることができたが、下級士官は最も多い場合で同階級の他の士官3名と部屋を共有した。一方、クルー（下級乗員）・クォーターでは一部屋につき、最大で50名がそこで寝泊まりする。また、戦闘パイロットや熟練の腕を持つ技術クルー・メンバーになると平均的な保守点検工のそれに比べ、よりいい部屋が与えられた。

生活区画に関して付け加えると、ジェネラル・クォーターズ・ビルディングにはレクリエーション・エリアや食堂、スポーツ用のコートなどが備わっている。ジェネラル・クォーターズのメンテナンスやマネジメントは、バトル・ステーション・オペレーションズ（戦闘基地作戦司令部）が担っていたが、建物は地上軍と宇宙軍の作戦の管轄区域で分割されており、各々の軍の支援要員がクルー（下級乗員）や士官の行動を監視した。

クルーはテーブルやベンチがずらりと並ぶ大型のオープン・ルームで食事をとる。食事はドロイドによってトレイで配膳され、食材はデス・スターのフード・アンド・ウォーター・シンセサイゼーション・プラント（食糧および水合成工場）から調達された。士官の食事施設はクルーの使うものとは設備にかなりの差があり、食べ物も、帝国の貨物船で輸送されてきた大量の冷凍や乾燥食材を調理したものとなっていた。

➔ 帝国士官は担当セクターにおいて、招集、動員を迅速に行うことができるよう、部下のストームトルーパーが生活する宿舎の近傍に自室を持っていた。

➔ 居眠りしているか、単独での歩哨任務などを命じられない限り、それがどのようなエリアであろうと、ストームトルーパーがデス・スター内を単独で行動することはなかった。

ストームトルーパー兵舎

　デス・スターの設計陣は、ストームトルーパー用に、梯子によってアクセスする閉鎖型の集合部屋を作り上げた。これはクローン大戦時に共和国軍のクローン・トルーパーが使用した兵舎を範にとったものである。各部屋には伸縮型の寝台ひとつに加え、ビュースクリーンやコムリンク、照明、空調が備わっていた。部屋にはまた、センサーが内蔵されており、ストームトルーパー分隊長、ドロイド・メディカル・チーム、帝国諜報員が常にストームトルーパーを監視できるようになっていた。敵スパイの嫌疑がかかっている兵士に対しては、帝国諜報部の権限により、リモート・コントロール機能を使って、その兵士を部屋に閉じ込めることも可能だ。ストームトルーパーが各自の寝台に向かう前には、アーマーや武装などをロッカーに収納するようになっていた。

1. 寝台コントロール・パネル
2. トルーパーID（身分証明）プレート
3. 寝台アクセス用梯子
4. 独立型空調装置
5. 引き出されている状態のトルーパー寝台
6. リフレッシャー（浴室）
7. 装具ロッカー
8. ソニック（音波）・シャワー室入口
9. ベンチ
10. 換気口付き甲板

RECREATION FACILITIES レクリエーション施設

➔ ブラステックSE-14r軽連射ブラスターを構え、狙いを定めるストームトルーパー。

デス・スター内にはいくつものレクリエーション・エリアがあった。一般的には、メイン・チェンバーには、ランニング用トラック(走路)、ウエイト・トレーニング・マシン、体操&有酸素運動用トレーニング・スペース、マーシャルアーツ(武術)・スパーリング・エリア、個別エクササイズ・ステーションといったものが置かれ、サイド・チェンバーには、ロッカー、ソニック・シャワー、ホロ障害物および戦闘訓練シミュレーション施設、エクササイズ・ドロイドや機器の収容室、軽食バー、多目的スポーツ・コート、パティ・ゲーム用のコース、レクリエーション・スタッフのオフィスなどが設置された。デス・スターのクルーは全員がエクササイズ機器を使うことが奨励された。すべてのクルー・メンバーには定期的にホロ障害物および戦闘訓練シミュレーション施設への参加が義務づけられていた。これは戦闘スキルの保持と新しい技の習得が目的であった。戦闘トレーニングには、ブラスターや手榴弾あるいは重火器を扱うための再訓練コース、格闘戦や生物兵器に関する講習などが含まれていた。

➔ デス・スターで支給され、戦闘訓練で日常的に使われたさまざまなブラスター。

ブラステックDLT-19重ブラスター・ライフル

マー=ソン・パワー5重ブラスター・ピストル

ブラステックE-11ブラスター・ライフル

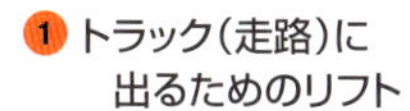

1. トラック（走路）に出るためのリフト
2. 軽食バー入口
3. スパーリング・コート
4. 格闘トレーニング・レーン
5. ベンチ
6. エクササイズ・ステーション
7. シャワー室／ロッカー入口
8. 体操用エリア
9. ウェイト・マシン
10. 高架トラック
11. チーフ・トレーナーのオフィス
12. リフレッシャー（浴室）
13. メンテナンス・オフィス
14. ホロ障害物および戦闘シミュレーション
15. 多目的コート
16. 機器室
17. 射撃練習場
18. 射撃場管理所
19. ターボリフト群
20. シャフト

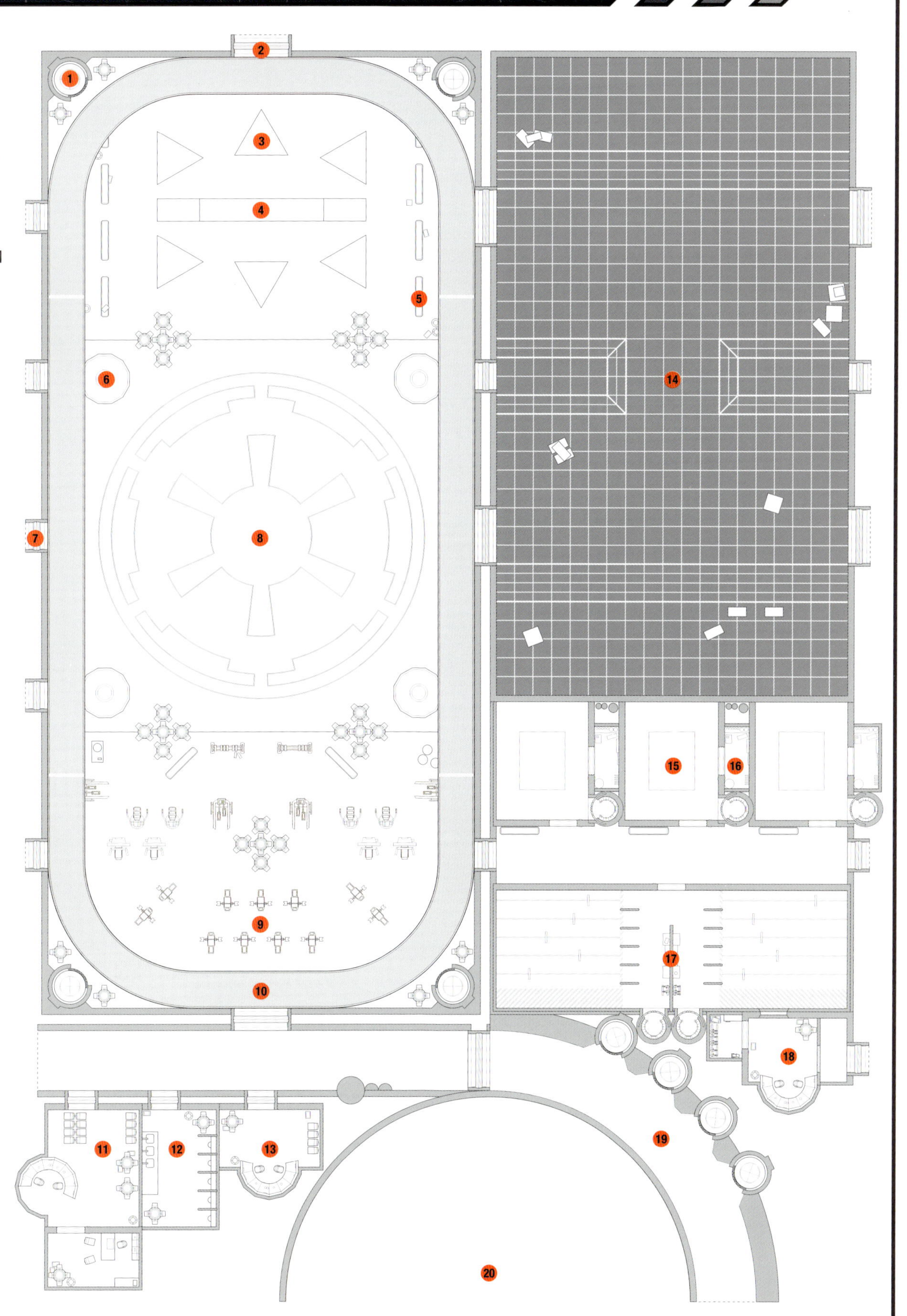

TURBOLIFTS ターボリフト

ターボリフトとは建造物のシャフトや中空のチューブを通じて乗客を運ぶ輸送方法で、これには銀河で最も一般的な技術であるリパルサーリフト・フィールド発生装置が利用されている。ベヴェル・レメリスクの設計チームは筒状のシャフトをリパルサー・フィールドで満たし、これらを要塞内の縦横に張り巡らすことで、あらゆるセクターへとつながる高効率の移動システムを作り上げた。

デス・スターではどのレベルであっても、通常、ターボリフト複数基がセットのような形で数百メートルごとに必ず設置されており、ターボリフト・カー（かご）は少なくとも必ず1台が待ち状態を保ち、すぐに乗れるようになっていた。また、このターボリフト・カーは分速数キロメートルという驚異的な高速で移動した。待たずに乗れ、スピードも抜群のターボリフト・カーだったが、シャトルに乗った方が結局のところ手っ取り早いことも多かった。デス・スター地表上の異なるゾーン間をシャトルで移動し、到着ハンガーが最終目的地に近い場合にはとくにその傾向が顕著であった。

ターボリフト・カーは回転する仕組みとなっていたが、これは必然であるともいえた。要塞内部の重力方向変換機能は、ターボリフト・システムがそのほとんどを担っていたからである。また、ターボリフト・カーは目標デッキの重力方向に合わせ、移送の途中に回転する。そしてその間、コンペンセーター（重力相殺装置）が働き、乗客に重力の方向が変わったことなどまったく悟らせないよう、快適な乗り心地を

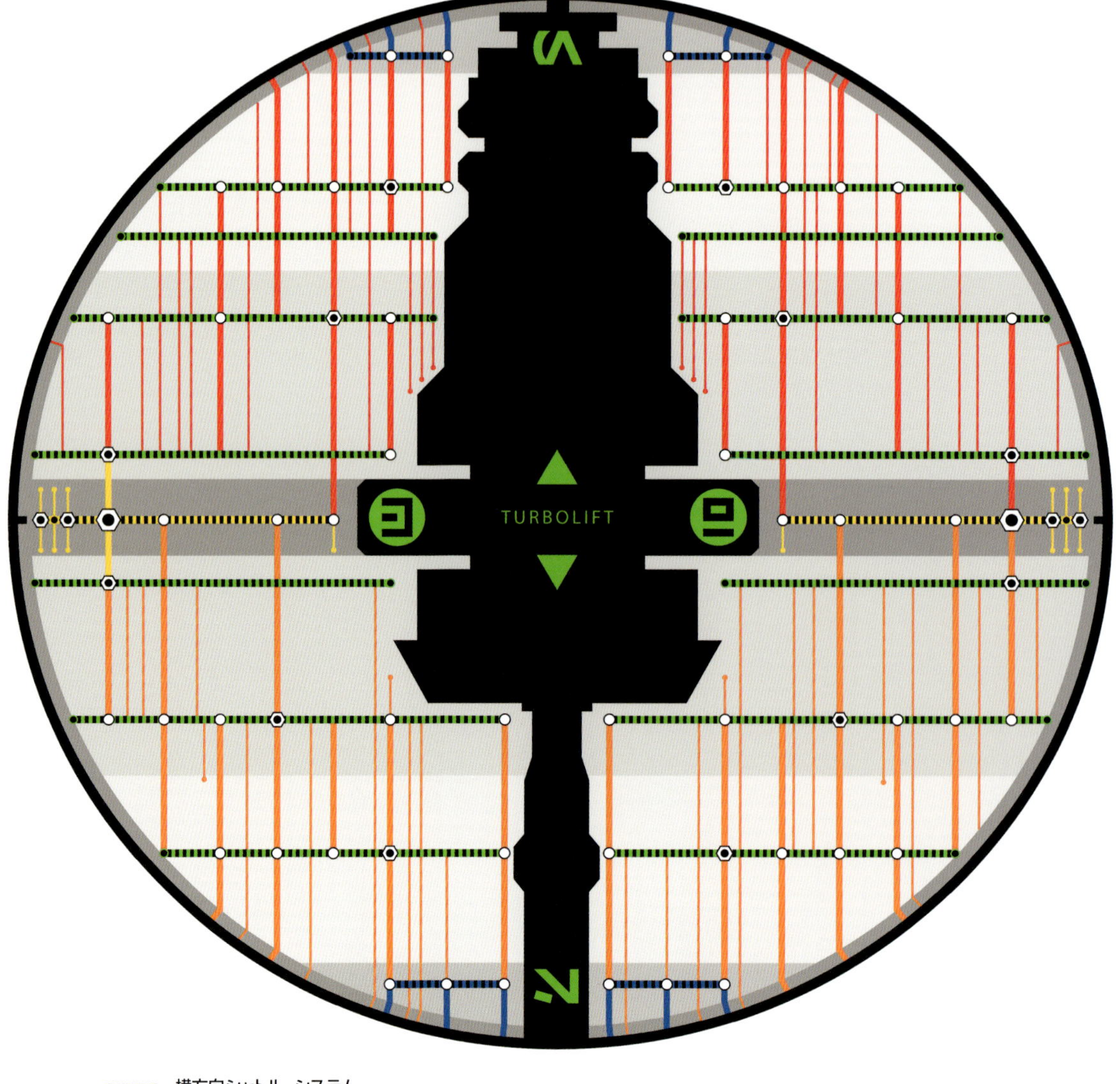

➔ ターボリフト・マップ断面図。ゾーン3と9における主要ルートが表示されている。デス・スター上の離れたセクション間を移動するには、シャトルに乗る方が効率的であることを理解していた設計陣は、シャトル・システムにダイレクトにつながるリフト・チューブを組み込んだ。

提供するようになっていたのだ。

ターボリフト・カーは音声コマンドによって作動する仕組みだ。しかし、デス・スター内のある特定のエリアへアクセスするには、ランク・シリンダー・キーが必要だった。この措置は特定エリアへの出入りは特別に決められたクルーかランク（階級）の者に限定されていたからである。もし誰かがその階級では出入りの禁じられているエリアへ行くリクエストをしたとしても、ランク・シリンダー・キーを用意できなければ、ターボリフト・カーのコンピューターは、移動を拒否するようになっていた。あるいは、移動目標地点が非常に機密度の高いエリアであれば、コンピューターは不法侵入の可能性をセキュリティに報告するのだ。

1. 上部リパルサー
2. 方向センサー
3. パワー・チャージ・コイル
4. 磁力ガイド・レール
5. 外ドア（開いている状態）
6. 人工重力プレート
7. リパルサー・リフト
8. 緊急用磁力ブレーキ

↓ ダース・ベイダーや高級将校が使うために用意されたエグゼクティブ・リフト・チューブ。密かに組み込まれたスキャナーやセキュリティ装置が許可を持たない人物の使用を防止していた。

↘ 反乱軍当局によれば、この画像に写っているストームトルーパーは、ルーク・スカイウォーカーとハン・ソロであり、その隣で「捕まっている」フリをしているのがチューバッカであることは間違いない、とのことだ。

CORRIDORS 通路

灰色と黒という地味な配色でまとめられたデス・スターの通路は、ただ歩くためだけに作られた無骨な実利主義の産物ように見えるかもしれない。だが、実際は、要塞のさまざまなシステムとリンクしており、これらが構成する複雑なネットワークの一端を担う機能性の高い設備である。通路とその周囲には要塞のリアクターから送られるエネルギーが配され、照明、通気、空調用の動力として使われた。また、この動力は人工重力システムにも利用されていた。

要塞内の重力はデッキ、壁面、天井に組み込まれた全方位性重力ブースターによって保たれている。重力ブースターの調節は容易であり、セクター単位で、あるいはさらに小さく、通路単位で、重力の方向性を変化させることができるよう設計されていた。例えば、ハンガー・ベイでは要塞のコアに対して直角に重力が発生しているのに対し、隣接している通路では重力がコアに向かっているという具合だ。そして、このような重力方向の変わり目では、事故の発生を防ぐ目的で、非常に多くの警告サインが出るようになっていた。

通路は単に歩行者の移動のための場所というわけではなく、軍事訓練用としても使われた。ストームトルーパーは常にどこかのレベルのどこかの通路をパトロールしていたが、その同じ時刻に警備員が制限区域となる通路で反乱軍侵入者を想定した模擬訓練を行うといった光景はよく見られた。

1. 発光コンジット
2. 照明拡散装置
3. 穴空きフロント・パネル
4. 排気口
5. 還気口
6. 動力線

→ デス・スターの通路を行進するインペリアル・ストームトルーパー。侵入者や破壊工作員がいないか、いつも嗅ぎ回っており、非常に威嚇的であった。

BLAST DOORS ブラスト・ドア

デス・スターには2種類のドアが使われていた。レギュラー・ドアとブラスト・ドアである。ドアは両タイプとも壁、天井、フロアの中に格納可能となっており、レギュラー・ドアはジェネラル・クォーターズ・エリアにおける部屋と通路の境目などで普通に見られたタイプ。一方、ブラスト・ドアは通路とそれに続くエリア、例えばコマンド・センター、ドッキング・ベイ、隣接通路などを分断する役目のものだった。ブラスト・ドアにはマグネティック・シールと呼ばれる磁気ロック機構が使われており、正式な認証コードなしでは、ロックを解除することは不可能である。また、通常のブラスター攻撃ではびくともしない強度を有していた。

帝国士官とクルーにはデス・スターの警備部からランク・シリンダーが発行された。ランク・シリンダーを携帯したユーザーは保安区域に入ることが可能であり、厳重に守られているドアを開ける権限も得るだけではなく、さらには帝国のコンピューター・ネットワークにアクセスし、そこにある情報を引き出すことさえも許された。ストームトルーパーが特定の場所においてブラスト・ドアの開閉を行わなければならなくなった場合には、コムリンクで警備員に連絡をとる必要があるのだ。

ドッキング・ベイと通路を隔てるブラスト・ドアは厳重に警護されており、その開閉は、ドッキング・ベイ・コントロール・ルームから遠隔制御するか、ドアのすぐ近くの壁にあるコンソールを操作することで可能となっていた。また、危険性の高い貨物が扱われることも考慮し、ドッキング・ベイ以外のエリアを安全に隔離するため、ブラスト・ドアには充分な補強が施されていた。

← 戸口に格納され、開いている大型ブラスト・ドア。物理的あるいは戦略的交差点において、通路を分断する役目を担っていた。これは、閉鎖することで、瞬時に密閉、施錠、減圧が可能となっていたが、通路における侵入者の捕獲あるいは排除を目的としたものである。

← ガルヴォニIIIの軍事通信施設から回収された記録には、デス・スターのセキュリティ・カメラの映像が残っていた。逃亡を図る2名の侵入者が閉じようとするブラスト・ドアをすり抜けていく様子が写っている。

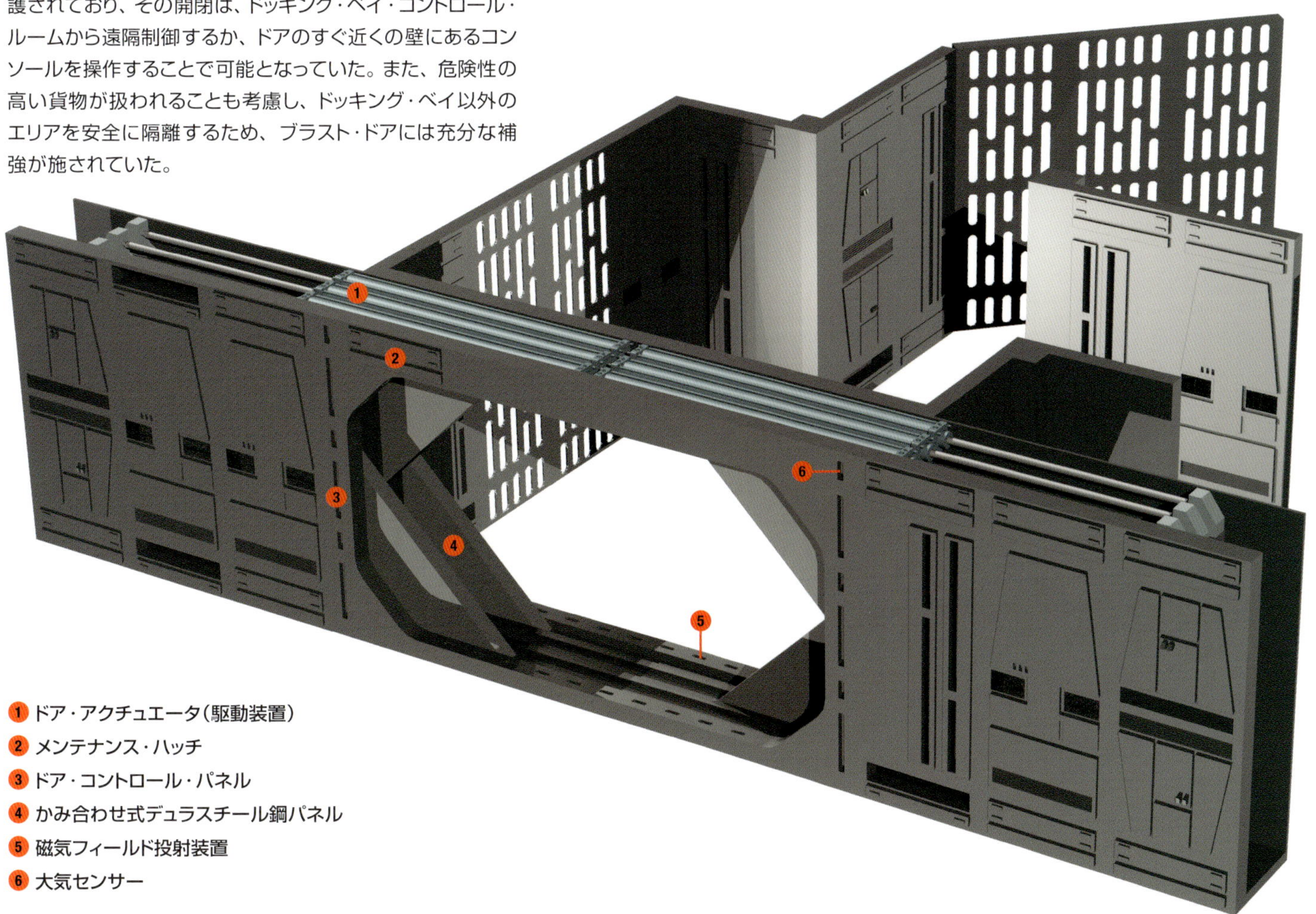

1. ドア・アクチュエータ(駆動装置)
2. メンテナンス・ハッチ
3. ドア・コントロール・パネル
4. かみ合わせ式デュラスチール鋼パネル
5. 磁気フィールド投射装置
6. 大気センサー

AIR SHAFTS & EXTENDIBLE BRIDGES エア・シャフト&伸縮型ブリッジ

デス・スター内において至る所、あらゆるエリアに、広漠としたエア・シャフトの存在が見受けられる。これらの役目は、空気の循環、居住エリアの加圧、シャフト内に設置されている動力発生装置から排出される余剰熱の放出といったものであった。

エア・シャフトには、帝国の設計による「システム4」換気システムが組み込まれていた。これはまったくもって古めかしい装置だったが、エア・シャフトの品質としては帝国の基準に準拠した作りとなっていた。

デス・スターで働く人員は、伸縮する機械式ブリッジを渡ってエア・シャフト内を横断した。ブリッジはシャフト・ウォール（壁）に格納可能で、ブリッジをコントロールする装置はブリッジ・アクセス・エリア出入口の枠に設置されていた。ブリッジのほとんどは2名が横並びになれる程度の充分な幅であり、保護用の手すりや柵が付いているものはほぼ皆無だった。というのは、安全対策など必要のない者が通ることを念頭に設計されていたからである。ブリッジを使うのは、ストームトルーパーや巡回員がほとんどだと想定されおり、彼らは目まいなどを起こさないよう訓練されていたからである。あるいはメンテナンス・ドロイドもここを使用するが、目まいなどはプログラミングによって防止策が講じられていた。帝国士官やクルーは通常ブリッジの使用を避けていた。彼らの意見では、デス・スター内においてはリフト・チューブのほうがはるかに効率的な移動手段である、とのことだ。

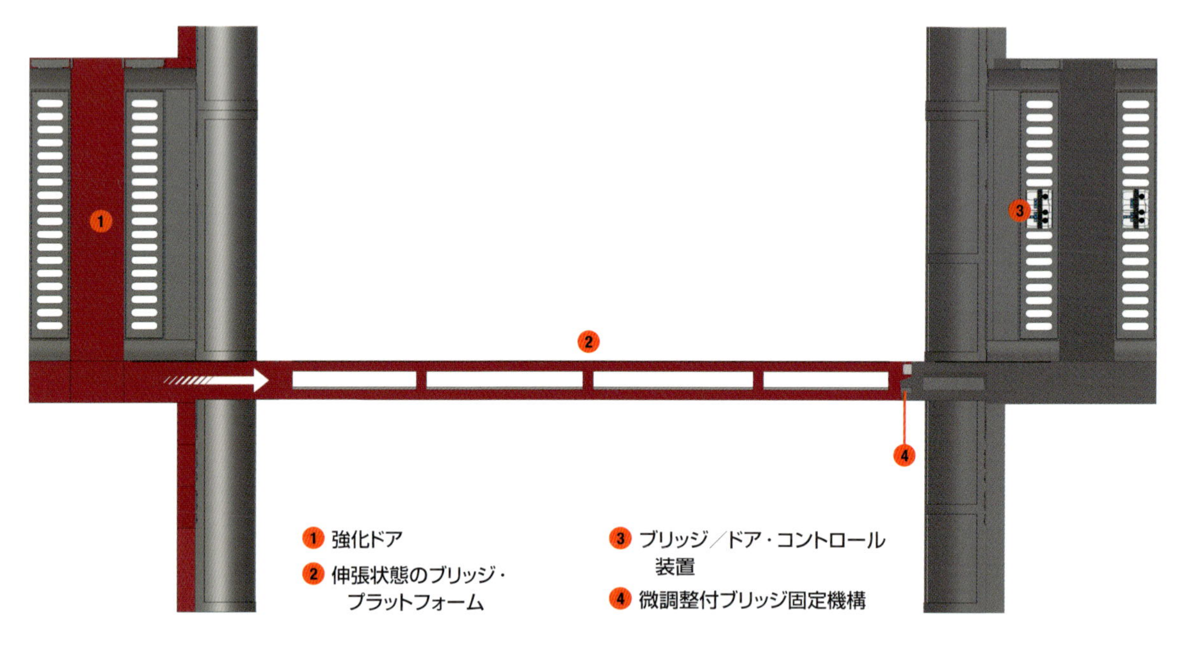

ガルヴァニIIIの軍事通信施設から回収された記録イメージ。デス・スターのセントラル・コア・シャフト内に設置されたブリッジの端に立っているプリンセス・レイア・オーガナとルーク・スカイウォーカー。ブリッジは引き込まれて収納状態にあるのが分かる。

↑デス・スターのセントラル・コア・シャフトに侵入した反乱軍の集団に対し、戦略上優位なポイントである上方レベルのハッチに立って射撃体勢をとるストームトルーパー。

↓デス・スターのセントラル・コア・シャフトの壁に設置されていたクワットPIC223パワー・ジェネレーター。帝国の設計者たちの頭にあったのは装置の機能性と構造の完全性だけだった。そのため、装置下方にあるパイプがよもや侵入者の逃亡を補助する道具として使われることになろうとは思いもしなかったのである。

1. メンテナンス・ハッチ
2. ブリッジ伸張用コントロール装置
3. 強化ドア
4. 位置調整用磁性ピン
5. 滑り止めプレート
6. 周縁部危険防止センサー
7. 収納状態のブリッジ
8. 位置調整付ブリッジ固定機構

SECURITY SECTOR

セキュリティ・セクター

回収された『帝国データファイル #003729.61v：
グランドモフ・ターキンによるデス・スター・
セキュリティ・オフィサーに向けた訓示の冒頭部』より

諸君らには皆、帝国人事記録にアクセスする権限が与えられている。となれば、私個人の軍歴に関し、すべてではないにせよ、詳しく知っておる者もいることだろう。この要塞に配属されるよりも前、もう大昔のことになるが、私は共和国アウター・リム領域治安部隊司令官の任についていた。つまり、この私には、諸君らが背負う、デス・スターのセキュリティ・セクターの一員としての責任と義務が痛いほどに分かる、ということだ。

私は今まで、セキュリティにおける第一義的目的とは秩序の維持である、と口を酸っぱくして話してきた。だが、諸君らにはセキュリティ・オフィサー（保安部員）として、帝国軍の規律や規則を遵守するだけにとどまらず、礼儀も常にわきまえて行動して欲しいと考えている。上級将校や政府要人の警護につく場合はとくに、である。

強調しておきたいのは、デス・スターとは単なる戦闘要塞ではなく、多くの隣人から成り立つひとつの生活共同体であるということだ。そして、共同体が生き残れるかどうかは、その構成員の円滑な協調と協力体制にかかっている。

残念ながら、すべての生活共同体はなんらかの形で敵対意識と個人的暴力に毒されているものだ。もし、要塞人員の誰かが任務を放棄したり、士官が権力を悪用したりした場合どうするか。私はこう期待したい、そのような犯罪行為は監視員が即座に「管理人」たるセキュリティに報告するだろう、と。あるいは口論や議論が熱を帯びすぎ、手に負えない状態に発展した場合はどうだろう。私は当然こう期待する、「管理人」がこの騒動を鎮圧し、秩序を回復させるであろう、と。

← 帝国士官の一団を引き連れ、デス・スターのセキュリティ・セクターを進むダース・ベイダー。

SECURITY PERSONNEL & FACILITIES セキュリティ・セクター構成員&施設

デス・スターの重要エリアや立ち入り禁止区域の警ら、要人の警護、監房区画 の管理や通路の取締りの任を負っていたのがセキュリティ(保安)・セクターである。彼らは、インペリアル・セキュリティ・オフィサーが銀河帝国のいたるところで「管理人」という通り名で知られていたように、ここでもやはり「管理人」の機能を果たした。デス・スターで働く帝国の人員の中で個人用の武器を常時携帯することが許されていたのは「管理人」たる保安要員だけである。セキュリティ・セクターは警備課、警ら課、調査課、拘置課といったさまざまなディヴィジョンに分かれていた。

調査課は警備課や警ら課と一致協力し、要塞におけるセキュリティの包括性を完璧なものとしていた。そして、無数の隠しカメラやセンサー、モバイル・リモート、あるいはドロイドを有した監視ステーションが無休で常時警戒態勢をとった。

「管理人」本人たちも絶えず監視や観察の対象となっていた。観察者はISB(帝国保安局)である。ゆえに、標準的なセキュリティ・セクターではISBに対し、ある程度の協力が要求され、彼らが執務室として使うためのスペースを提供することが義務付けられていた。ISBとは事実調査と特殊任務を受け持つ帝国政府の機関で、警備、偵察、捜査、内政問題、尋問、再教育に関する専門家の集団であった。ISBの警らや取締まり方法は標準的な帝国保安基準と照らし合わせても極端に厳しいものだった。加えて、彼らは潜入捜査員を軍事支援要員や技術支援要員の中に潜り込ませることで有名だったため、帝国内のあらゆる治安部隊とISBとの間には一種の緊張関係が存在した。

各セキュリティ・セクターは個別に武器庫を保有しており、武器、弾薬、防護装具などの揃いも豊富であった。ブラスター・ピストル、ライフル、手榴弾、砲架式レーザー砲、格闘戦用武器、ボディ・アーマーなどは施錠されたブラスト・ドアで隔てられて保管された。保安要員はターボリフトを使って、より大型の武器庫へ行くこともできた。ハンガー・ベイのすぐ近くのエリアとつながっていたその場所では、AT-ATやリパルサータンクなどの戦闘ビークルが保管されていた。

↓ 白い装甲に身を包んでいるのがストームトルーパーである。保安要員をアシストすることもあった彼らだが、いつも保安要員に従っていたわけではない。というのも、ストームトルーパーは帝国軍人として、皇帝のニュー・オーダー政策に従うという行動規範を優先的に遵守していたからである。

帝国のスキャニング・クルー（検査員）はいくつものポータブル機器を活用しており、イデリアン・アレイズILF-4500-2生命体スキャナーもそのひとつであった。デス・スターで使われた軍用の長距離スキャナーよりも高性能のILF-4500-2は、隠れた生命体を瞬時に検知できる。

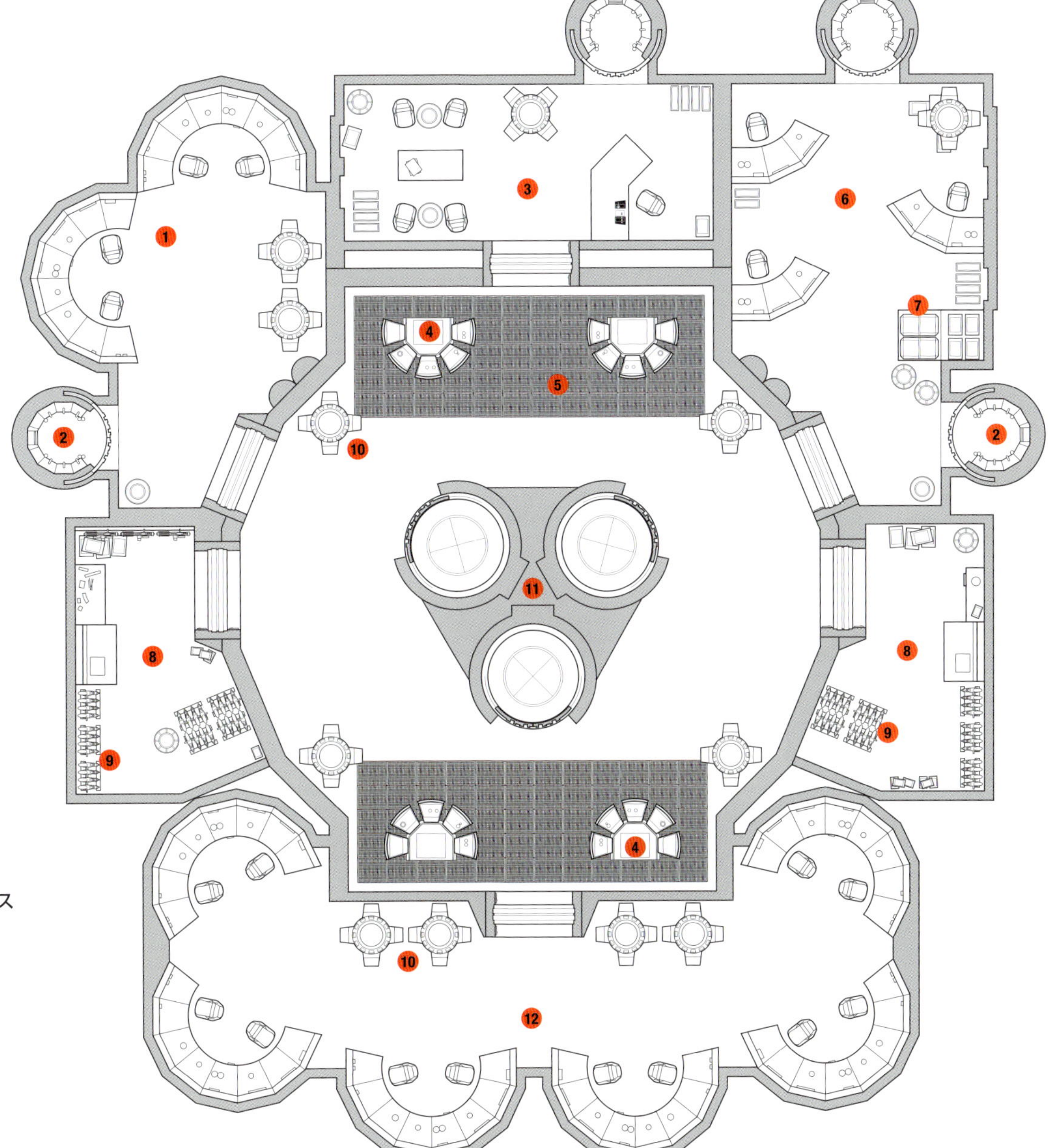

セキュリティ・セクター N7:A68-1の平面図。デス・スターにおけるこの種の典型的間取りとなっている。

1 監視ステーション
2 回路ベイ
3 帝国保安局オフィス
4 ガード・ポスト
5 滑り止め処理されたフロア
6 セキュリティ・セクター・オフィス
7 機器ラック
8 武器庫
9 ブラスター・ライフル・ラック
10 動力ユニット
11 ターボリフト群
12 調査ステーション

DETENTION BLOCK AA-23 監房区画 AA-23

デス・スターの監房区画 はセキュリティ・セクターの拘置課によって管理され、その監房には規則に違反した個人が収監された。その常連の「お客様」は、刑事犯罪者、政治犯、破壊工作員、命令違反を犯した帝国人員といった面々で構成されていた。

監房区画 は通常の業務エリアから離れた場所にあり、ターボリフトでアクセスする仕組みである。要塞に存在する他のほとんどのチェンバーと同様、監房区画もやはり壁はダーク・グレーの金属製で地味な印象だが、格子状の板が敷かれた床は赤色の光で照らされていた。拘置課の要員は囚人を扱う訓練や監房を管理する訓練を受けており、普段は区画内にあるステーションに駐在した。磁気ロック式のドアが取り付けられた監房の内装は、実用性以外は考慮されておらず、金属むき出しの壁で囲まれた部屋に金属製のベンチ１基が組み込まれただけのつくりとなっていた。監房区画 の壁と天井にはホロカム・ユニットと呼ばれるカメラが設置されており、この区画におけるあらゆる動きはこれらによってコントロール・ルームにあるガード・ステーションの複数基のモニターに送られ、常時監視された。ホロカム・ユニットは、また、監房区画 の壁にマウントされたブラステック・クラスVI自動レーザー・プロジェクター群にも繋がっており、ターゲットのデータをレーザー・プロジェクターの戦闘コンピューターに送るようになっている。監房の扉が並ぶ長い通路は監房ベイと呼ばれたが、下層に位置するコントロール・ルームからは、上方に向かって延びる階段が監房ベイへと続いていた。

フロアが穴の開いた格子状のグリルになっているのは、監房そのものを含む全監房ベイを自動洗浄できるよう設計されていたためである。こうすることで、拷問や暴力によって生じた血痕その他の不快な副産物を一気に除去できるようになっているのだ。グリルは通路脇にも備えられ、ゴミを廃棄できる仕組みとなっている。

1. 多次元カメラ
2. サーモグラフィック・センサー
3. ステータス・インジケーター・ライト
4. 音声センサー
5. レンズ・プレート
6. 取り付けプレート

↓ 帝国人事記録との照合により確認されたところによれば、この人物（手前）は監房区画 AA-23のコントロール・ルームの保安責任者、シャン・チャイルドスン大尉である。囚人の監視、権威の維持、脱走の防止といったものが、ブラスター・ピストルで武装した彼らのような「管理人」の仕事だ。

➔ 天井に設置された複数の自動ホロカム・ユニットはデス・スターの監房区画 で起こった事柄すべてを記録し、各ゾーンのコマンド・セクター管理者に向け、映像および音声のデータを送信した。

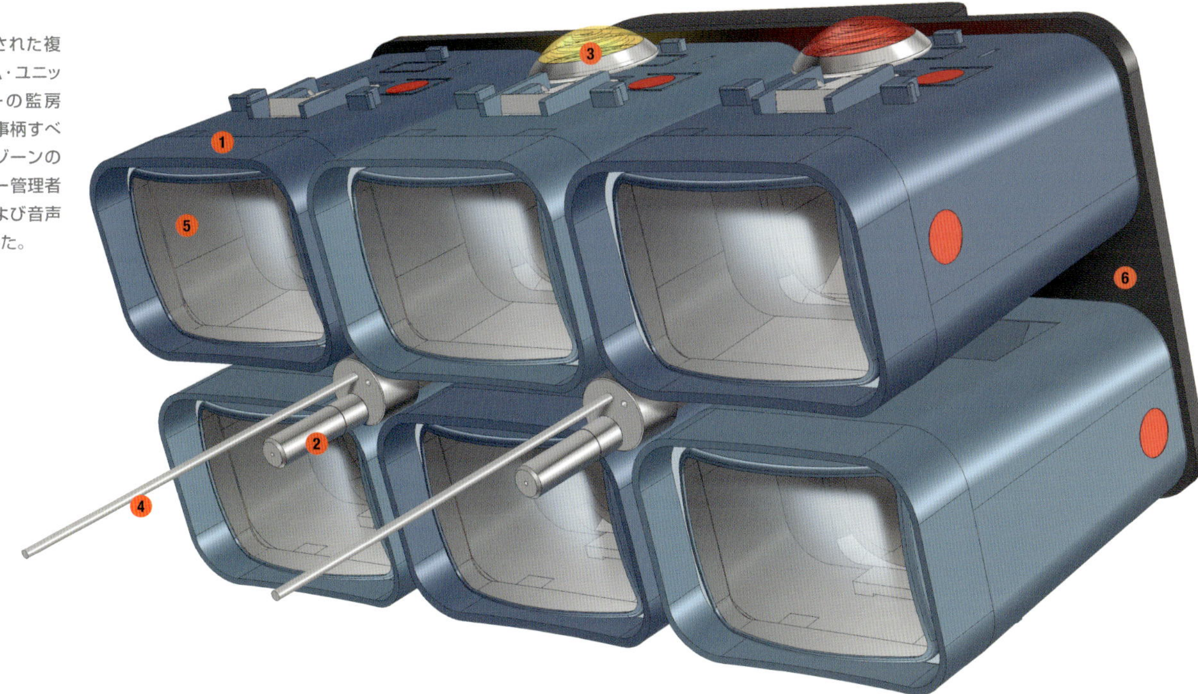

← 反乱軍の侵入者によるデス・スター監房区画 への襲撃。ガルヴォニIIIの帝国軍事通信施設へ送信されたデータから回収された映像。

← デス・スターの監房区画 の壁面には、いくつものプラステック・クラスVI自動レーザー・プロジェクターが埋め込まれていた。レーザー・トラップとあだ名された、これらの無人ブラスターは帝国の刑務所や労働キャンプでよく見られ、そのような場所で懸念される被収容者による暴動や反乱を押さえ込むことが目的であった。

MSE DROID MSEドロイド

デス・スターにおいて最も日常的に見受けられたドロイドが、マウス・ドロイドとも呼ばれるMSE-6ドロイドである。MSE-6はクラス3ドロイドに、1度にひとつの機能しか保持できないシングル・モジュラー回路マトリクスを載せたものだが、マトリクスは安価であり、そのインストールも非常に単純であるため、別プログラムへの書き換えは容易である。標準的なMSE-6のスキル・マトリクスには、基本的な修理能力、セキュリティ・チェック、メッセージ配達、清掃作業、基本的なコンピューター・プログラミンングなどの機能が収められている。

MSE-6は何年も前に、すでに倒産したチャドラ=ファンの企業、リバクサン・コルムニによって市場に登場した。チャドラ=ファンとはコウモリのような顔のヒューマノイド種族である。チャドラ=ファンのエンジニアたちは彼らの母星、チャドIIIでペットとして飼われているプリーキーという小動物を模してMSE-6を製作。エンジニアはこのドロイドの出来に自信を持ち、多くの顧客に受け入れられるはず、として数千億体ものユニットを生産した。不幸なことに、何十もの惑星の顧客が、このちょろちょろと動き回る小型ドロイド本体とそれが発する音声発信パターンが病原菌を媒介させる害獣のたぐいと非常によく似ていることに気づいた。その結果、リバクサン・コルムニは何十億体もの返品を抱えることになり、加えて返金依頼もが殺到した。会社はこれにより倒産に追い込まれたが、すべての生産ラインを捨て値で叩き売ることでなんとか被害を和らげた。売却先となったのは旧共和国宇宙軍および地上軍である。当時、旧共和国軍は戦闘艦などに搭載させるためのドロイドを探していたのだ。これらMSE-6は引き続き帝国宇宙軍および地上軍で使われることになり、帝国の宇宙船や基地のほとんどすべてでその姿が見受けられるようになった。

MSE-6の外装ケースは2本のマニピュレーターを格納できるようになっている。ひとつは苛酷な作業に耐えうるもので、もうひとつはデリケートな操作に適したものだ。外装ケースの両脇には高感度聴覚センサーが内蔵され、前面には視覚センサーと小型立体カメラが取り付けられている。MSE-6が荷物の配達に使用される場合、筐体内にあるコンパートメント(小さな収納スペース)に封緘命令書や機密文書を収めるようになっており、これがいったん施錠されると、認証音声コード以外では開けることはできない。

MSE-6は溝付きの車輪を備え、前進、後退ともに極めて俊敏に移動可能である。柔軟性の低いプログラミングと馴染みのないノイズに対してはまったくの無反応になるという短所があるにもかかわらず、帝国では、デス・スターの迷路のような通路における案内役をMSE-6が担っていた。MSE-6はまた点検用としてデス・スターの通気ダクトにも派遣された。そこでは侵入したマイノックによるエネルギーの吸い取り被害が確認されており、ドロイドにはそれらの害獣を追い払うという仕事が与えられていた。

➔ デス・スターの通路壁面に寄り添って進むMSEドロイド。列を成すことにより、エネルギーの無駄な消費を抑え、整然さを保ち、他のドロイドや人員との衝突を避けた。

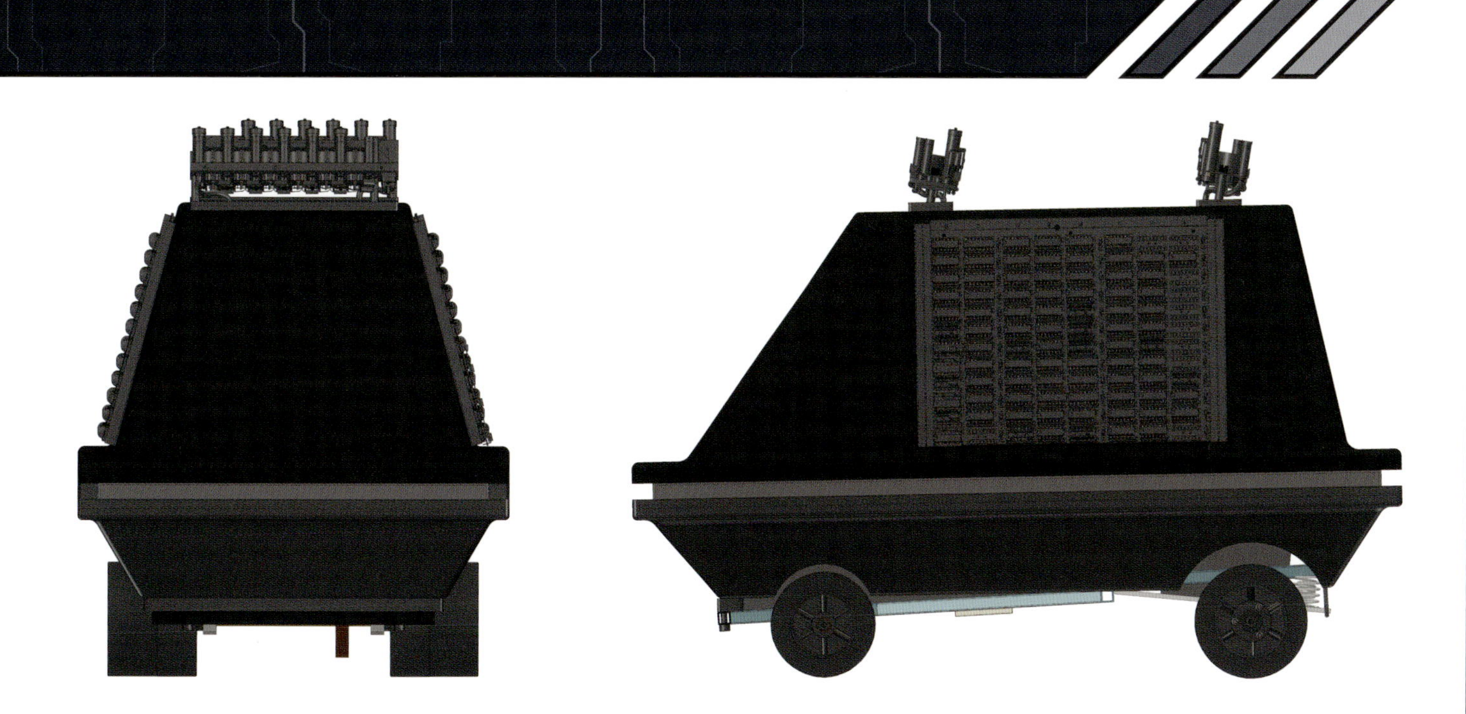

データ配送専用に改造されたMSE-6ドロイド。標準装備のユーティリティ・アーム・カートリッジの代わりにホロ=エンコーダーが取り付けられている。

IT-0 INTERROGATOR DROID IT-0 尋問ドロイド

ISBによって開発された尋問ドロイド、IT-0インテロゲーターは帝国の敵対者から情報を引き出すために数多くの拷問道具を使用している。

IT-0は直径1メートルに満たない球形のドロイドである。そのボディは光沢のある黒いシェルに包まれ、低出力のリパルサーで浮揚、移動を行う。ボディ表面からは注射器やプローブ(探針)、光学センサー、音響センサーなど、さまざまなデバイスが突き出ている。ドロイドにはボキャブレーターという装置が備わっており、これにより音声を発することも可能だが、それを使うことはめったになく、通常はISBエージェントや囚人に尋問をする権限を持つ人員の静かなるパートナーを務めている。

IT-0の設計の際、帝国の技術者は最先端の医療ドロイドや極秘の暗殺ドロイドに使われているテクノロジーを利用した。IT-0には医療ドロイド同様、高機能の医療診断マトリクスや薬学、心理学、外科学、ヒューマノイド生物学に関する専門のプログラムが組み込まれている。だが、相手の体の何が悪いのかを分析するのではなく、健康な状態を悪化させる方法を探し出すことに注力するよう設計されているのだ。また、内蔵のバイタル・サイン(生命兆候)・モニターによって、強硬症や意識消失の兆候を予測し、未然に防ぐことができるが、これは、瀕死の被尋問者を死の淵から引きずり戻して、さらなる尋問を続けるためである。

装備された皮下注射器は不安と恐怖をあおるためにあえて極端な大型となっているが、これはIT-0を最も特徴づけるデバイスであろう。その針先からはボディ内に貯蔵されている、さまざまな種類の液状の化学薬品を投与可能となっている。これらの薬品は痛覚閾値を下げ、協調を促し、幻覚を誘発させることができるが、最も頻繁に使用された薬剤は効果の高さで知られる自白剤のベイヴォ6である。

IT-0はまた、レーザー・メス、グラスピング・クロー(掴み爪)、パワー・シアーズ(電動鋏)を有しており、驚くにはあたらないことだが、このドロイドが姿を見せるだけで、ほとんどの囚人は震えあがり、秘密を漏らしたり、罪を認めたりするようになる。IT-0のセンサーは囚人の心拍数、筋肉の緊張度などを容易に分析することができる。また、ウソを発見するため、対象者の音声パターンも記録、解析される。ISBは尋問ドロイドがいかに効果的かを吹聴しているが、鉄の意思を持つ者であれば、IT-0の拷問を耐え抜くることも可能だと思われる。

↓ ガルヴォニIIIの帝国通信施設より入手したイメージ。ダース・ベイダーはデス・スターにおいて、IT-0ドロイドを使ってプリンセス・レイア・オーガナを尋問した。

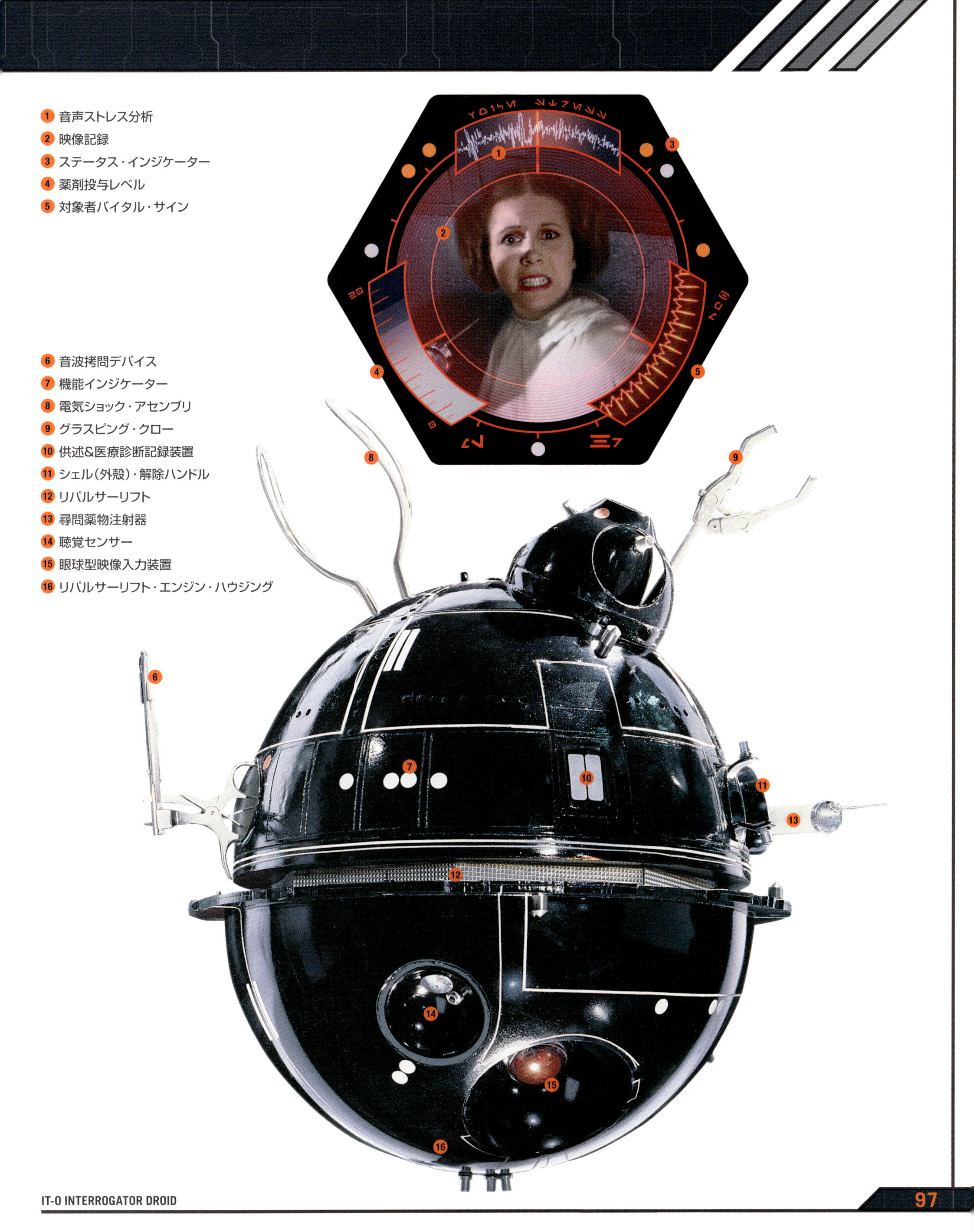

1 音声ストレス分析
2 映像記録
3 ステータス・インジケーター
4 薬剤投与レベル
5 対象者バイタル・サイン
6 音波拷問デバイス
7 機能インジケーター
8 電気ショック・アセンブリ
9 グラスピング・クロー
10 供述&医療診断記録装置
11 シェル(外殻)・解除ハンドル
12 リパルサーリフト
13 尋問薬物注射器
14 聴覚センサー
15 眼球型映像入力装置
16 リパルサーリフト・エンジン・ハウジング

SERVICE & TECHNICAL SECTORS

サービス&テクニカル・セクター

『パーソナル・データ・ジャーナル・エントリー　#478、グランドモフ・ターキンによる記録』

レメリスク主任との意見交換により、はっきりと分かったことがある。それはデス・スターにおける技術や保守に関する必要性は当初の計画よりもますます人的資源を要求するようになってきている、ということだ。

帝国のために超兵器を建造することは我々の最終目標であるかもしれないが、それと同等に重要なことは、全長何千キロメートルにおよぶメンテナンス・トンネル、連絡通路、廃棄物圧縮機、通気口などの保守管理が必須だということである。これらのエリアはサービス（修理・保守）・セクターの領分となろう。そして、このことを考えれば考えるほど、私は確信を深めるのだ。サービスこそが要塞運用における影の立役者なのであると。

サービスの技術者は、機械の調査、保守、修理、交換をすることに彼らの任務時間のほとんどを費やすだろう。一から部品を作る訓練を受けた熟練技術者から、通路を掃除するようプログラムされた思考力皆無のドロイドに至るまで、他のセクターはそれらが生み出す恩恵を享受できることを当たり前と感じるかもしれない。反乱軍が何度攻めてこようと、要塞の外殻に重大な損傷を与えることはないと思う。だが、要塞の防護および非常用の装置を最良の状態に保つことこそ、おそらくはサービス・セクターの最重要任務となろう。

サービス・セクターに属さない技術者に関していえば、彼らはテクニカル・セクターに配属されることになる。そして、科学ステーション、メディカル・ベイ、研究所、プログラミング施設、エンジニアリング（機関）・ステーションのいずれかで任にあたるのだ。スーパーレーザーよりも破壊力のある兵器など想像もできないが、テクニカル・セクターはいつかさらに強力な兵器の開発を要求されることになるかもしれない。

だが、サービスおよびテクニカル・セクターには、自分たちがミリタリー・セクターよりも、「より」重要な存在だなどと間違っても思わせてはならない。彼らの強みは、その数にあるのでも、また能力にあるのでもない。それは帝国に仕えているという点にあるのだ。いや、より明示的に言えば、デス・スターに仕えているという点にこそあるのだ。

帝国のアストロメク・ドロイドはデス・スター上のありとあらゆるハンガーやドッキング・ベイに配備された。

MAINTENANCE SECTION 19-52 メンテナンス・セクション 19-52

デス・スター上の各ジェネラル・セクターには少なくともいくつかのメンテナンス・エリアが存在した。スプロール内における典型的なメンテナンス・セクションには、一連の設備や機械が付随して設置されている。リペア・ステーション、スペア・パーツが潤沢に確保されたストレージ・ウェアハウス、診断レポートを継続的に記録し、ドロイドのビジュアル・センサーとも接続されたモニタリング・ステーション、摩耗部品を修理したり、原材料から新規部品を作り上げることまで可能な機械装置などである。

通路およびデューティ・ステーションには、通常は格納されているが容易にアクセス可能な非常用装置があった。ただし、それらは定期的に本体自体を交換したり、動力を再チャージする必要性があった。標準的な非常用装具のロッカーには、呼吸マスクや環境スーツ、食糧、水、グロー・ロッド(発光棒)、ロケーション・ビーコン、レーザー・カッター、コムリンクなどが収められていた。また、デス・スターのサービス・セクターは、このロッカーにエンヴァイロメント・ポーチも用意されていた。この装備は要塞外殻の断裂によって脱出ポッドまでたどり着けなくなるような事態を想定したもので、ポーチの使用により、12時間のサバイバルが可能となっていた。

機械の修理やメンテナンスで慌ただしくない時間、サービス・テック(技術者)たちはモニタリング・ポストに配置される。彼らはそこで、システム障害アラームが鳴らないことを祈りつつ、温度や動作状況をチェックした。すべての機械は診断システムを内蔵し、メンテナンス時には動作情報をモニタリング・ポストに送る仕組みであり、冷却剤レベル、空気の質、ノイズ・アウトプット、発熱、その他の読み取り結果が、逐一、工場や帝国における基準値と比較された。データ読み取り値に極端な変動部分があれば、勤務中のテックに警報センサーが異常事態を警告し、さらに詳しい調査が行われるのだ。

惑星ガルヴォニIIIの帝国通信施設より入手したイメージ。メンテナンス・セクション19-52における帝国製MSEドロイドとその他のドロイドの詰め合わせセット。反乱軍の同志たちによって確認されたこれら非帝国製ドロイドは、タトゥイーンのジャワより略取されたものと思われる。

多くのビークル・メンテナンス・ショップが、緯線ハンガー・ベイ群の下方あるいは周囲のデッキに配置された。すべてのベイにはリフトが装備され、宇宙船を直接メンテナンス・ショップに、あるいはメンテナンス・ショップに通じているリパルサー・シャフトに降ろすことができた。ショップでは炭化堆積物の除去や部品の交換、あるいはエンジンのオーバーホールなどがメンテナンス・クルーやメンテナンス・ドロイドの手で行われた、また、帝国のスターファイターやストライク・クルーザー、シャトルなどには定期的なチューン・アップやオーバーホールが施された。これらのショップには損傷した宇宙艇を修理するためのパーツや素材が豊富に揃っていた。

デス・スター・ドロイド

RA-7プロトコル・ドロイドはアラキッド・インダストリーズにより帝国将校のサポート用として製造された。ISBでは数千体ものRA-7が注文され、スパイとして活用するためのプログラムがこれらにインストールされた。デス・スターで使用されたRA-7は数の上ではMSEドロイドに劣っていたが、それらはメンテナンス・セクションを含む要塞のあらゆるエリアで見受けられたことから、デス・スター・ドロイドの名で知られるようになった。

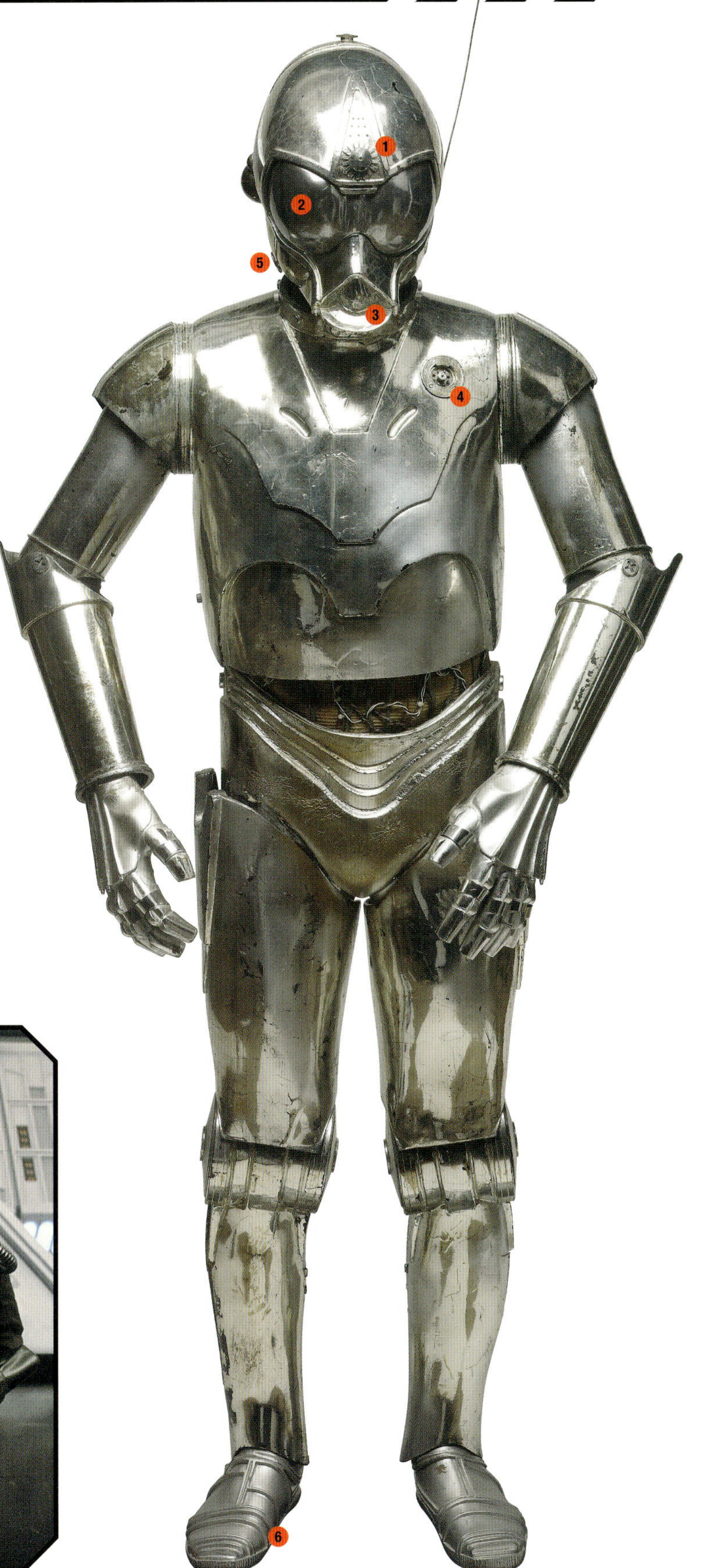

1. 磁気センサー
2. 広帯域光学センサー
3. 共鳴ボキャブレーター
4. インターフェース接続ポート
5. 高性能聴覚センサー
6. 磁気グリップ・フット・プレート

↓ デス・スターのサービス・テックにはインペリアル・プローブ・ドロイドからタイ・ファイター・パイロットの装備品に至るまで、ありとあらゆるものを保守整備することが求められた。

MEDICAL STATION 381-N3 メディカル・ステーション 381-N3

デス・スターはあらゆる観点から見て軍艦といえたが、設計陣は、クルーや兵士が健全かつ健康な状態で任務を遂行できるようにすることや、任務中に負傷した者に対して治療を施すための医療施設を設置することを忘れてはいなかった。そのような施設の典型がメディカル・ステーション381-N3であり、ここではさまざまなランクと技能を持った医療技術者や外科、麻酔、人工装具などに関する機能を有するドロイドたちがスタッフとして働いていた。

利便性を考え、ターボリフト複数基が集まっているエリアの周囲に設置されたメディカル・ステーション381-N3には、検査室としても手術室としても使える大型のオープン・タイプのチェンバーが複数備わっていた。それらのチェンバーには診断検査プラットフォームや手術テーブルが置かれ、各チェンバーはパーティションで仕切ることで、中にさらに別々の3つの部屋を作ることが可能だ。

伝わるところによれば、デス・スターはバクタを大量に保持していたということである。バクタとはあらゆる傷を治してしまう力がある珍しい化合物である。軽い傷であれば、バクタ・ジェルがコーティングされたパッチを貼るだけでよく、大けがをした患者に対しては、シリンダー形状のバクタ・タンクの中に全身を浸すことで治療を行う。メディカル・ステーション381-N3にはふたつのバクタ・タンク病室があり、そこにはザルティン・ベイカ・コーポレーション製バクタ・タンクが計16基、設置されていた。

バクタには強力な治癒力と即効性がある。重傷患者にはバクタ・バス(風呂)治療が施される。そして、生死にかかわる傷の場合、患者にはバクタ・タンク治療と生命維持装置を組み合わせた特別な集中治療室が用意された。命に関わらない傷の場合、患者は治療が済むと療養病室へと移された。

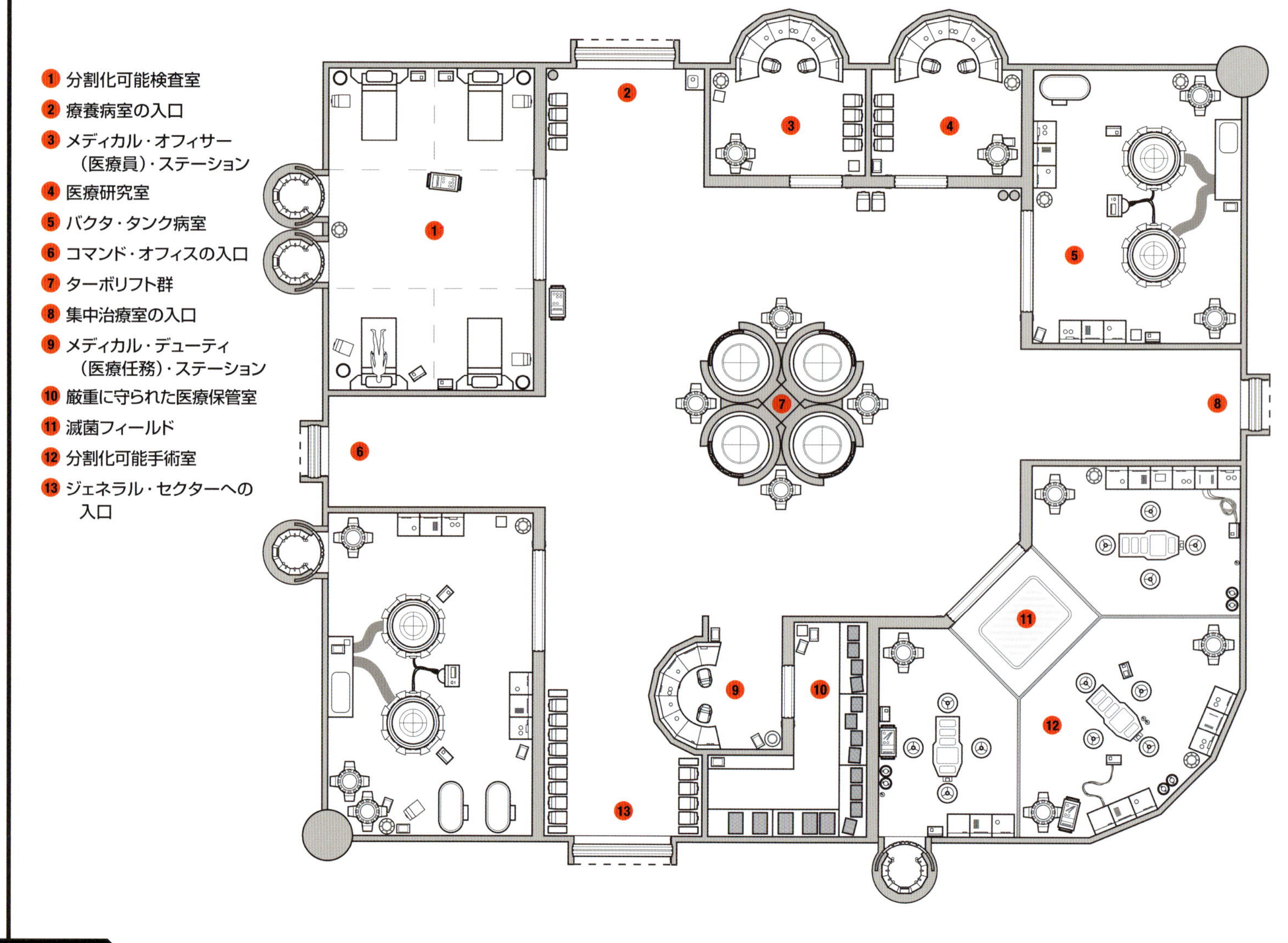

↑ 銀河大戦中、皇帝はザルティンとズクフラという2社のバクタ企業と同盟関係を結び、帝国軍以外の者によるバクタの入手をほぼ阻止した。

↓ メドテック・インダストリーズ製造によるFX-10メディカル・アシスタント・ドロイド。マルチアームを備えたこのドロイドは、デス・スターのすべてのメディカル・ステーションに配備された。

← デス・スターで使われたメディカル・ドロイドは、高価な2-1Bではなく、診断、研究所技術者、マイクロサージェリー（微細手術）・メカニカルズの各機能を有したMDシリーズが知られている。

1. 多重波視覚センサー
2. 油圧パイプ
3. 医療診断コンピューター
4. コンピューター・インターフェース・ソケット
5. サーボグリップばさみ
6. 胴シース
7. 皮下注射器

WASTE REMOVAL 廃棄物処理場

デス・スターにおける廃棄物の除去と処理はサービス・セクターが担当した。人員の各生活区域にはゴミ廃棄ポイントが設置されていた。このゴミ廃棄ポイントはより大きなシュートに繋がっていたが、これは支流が集まって大河を形作っているのに近いイメージといえるだろう。要塞上のすべての通路と部屋にはゴミ廃棄シュートが備わっており、それは大型のゴミ収集容器へと繋がっていた。収集容器は各シティ・スプロールにつき1基が割り当てられた。

ゴミの取り扱いやその廃棄における全プロセスは、セントラル・コンピューターに制御されていた。廃棄物はドロイドによってプラスチックや金属、食品、水などのリサイクル可能な素材とリサイクル不能物と、に分別される。リサイクル可能な物は処理のために、ゾーン内の製造センターか、あるいはデス・スターの深層レベルにあるバルク・ストレージやレプリケーション・セクションに送られる。廃棄物は複雑なゴミ・シュート・システムを経由し、各ゾーンのゴミ圧縮機へと集配された。

ゴミ圧縮機内に収容できるゴミの量を可能な限り増やすため、ゴミ圧縮機の金属製のふたつの壁が可動することでゴミを押しつぶし、極限まで圧縮、小さくする仕組みとなっている。ゴミ圧縮機のメンテナンス・ハッチは磁気でシールドされている。これは毒物や廃棄物が外や周辺の部材に対して漏れ出すことを防ぐためでもあり、可燃性ゴミが組み合わさることから起こるダメージを防ぐためでもあった。ただし、帝国人員は桁のような大型の建築部材を考えもなしに捨て、ゴミ圧縮機をまるで通常の大型ゴミ容器のように扱うことが多かったため、リサイクルの努力は報われない傾向にあった。

ゴミは圧縮されると、トレンチのひとつに沿って設置されていた船外投棄用コンパートメントへと送られた。そして、デス・スターも帝国宇宙軍の他の艦同様、ハイパースペース跳躍の直前にリサイクル不能ゴミを宇宙空間に投棄した。

帝国通信施設のひとつから回収されたイメージが明らかにしたところによると、プリンセス・レイア・オーガナ、ウーキーのチューバッカ、ハン・ソロ、ルーク・スカイウォーカーはデス・スターにおいて、監房区画 AA-23から脱出した後、ゴミ圧縮機3263827の中に着地したようだ。

DIANOGA ダイアノーガ

ガベッジ・スクイッド（ごみイカ）と呼ばれることもあるダイアノーガは、沼地惑星ヴォドランにおいて「海のごみあさり屋」として進化を遂げた。その昔、宇宙貨物船の貨物室に忍び込んだダイアノーガは銀河のあらゆる下水、あるいは運河のような場所で繁殖し、あっという間に多くの惑星でその個体数を増殖させた。ダイアノーガはあらゆる種類のゴミを餌とし、純粋な金属以外はほぼどんなものでも摂取することが可能である。7本の触手は移動と食物の捕獲に使われる。また、柔軟な眼柄をひとつ有しており、それを伸ばして、水中から水上へ潜望鏡のように突き出すことで周囲の様子を確かめるのだ。ダイアノーガは非常に大量のゴミを食べるため、デス・スターのサービス・セクターはこの存在を黙認しているばかりでなく、実のところ、トラッシュ・コンパクター内で繁殖まで行っているのだ。

↖ ダイアノーガに捕らえられたルーク・スカイウォーカーを助けようと、引っ張るハン・ソロ。この触手を持つクリーチャーは、ゴミ圧縮機の壁が動き始めるまでルークを放さなかった。

↑ じりじりと閉じてゆくゴミ圧縮機の壁に抗うプリンセス・レイアとその仲間。彼らはスクラップ金属の中から大型の資材を拾いあげると、これを壁にはさんで壁の動きを止めようとした。

↓ 帝国の時術者はデス・スターのゴミ圧縮機に棲むダイアノーガの影をスキャンで捕らえても放置した。というのは、このクリーチャーはゴミの分解に一役買っており、危険性はなかったからである。

COMMAND SECTOR

コマンド・セクター

『パーソナル・データ・ジャーナル・エントリー　#49、
帝国地上軍 タッグ将軍による記録』より抜粋

デス・スターにおける命令系統は厳格さをもって維持される。厳格さに関していえば、帝国内におけるどのような組織のそれとも同等となるだろう。要塞の随所にはコマンド・セクターが配されることになるだろう。それはすなわちそれだけの数のコントロール・ルームが設置されることを意味する。コマンド・セクターの監督官を務めるのは大尉級以上の帝国士官である。

デス・スターはグランドモフ・ターキン、私自身、そして帝国宇宙軍のモッティ提督の三大司令官による管轄下に置かれることになる。 我々が司令官を務める戦闘基地作戦司令部、地上軍作戦司令部、宇宙軍作戦司令部のチーフを担うのは大佐クラスの将校だ。これら作戦司令部チーフより下は、少佐クラス8名が各司令部下における特定部門のチーフを務める。また、加えて少佐クラス4名がジェネラル、サービス／テクニカル、セキュリティ、ミリタリーの各セクターのチーフとなる。ミリタリー・セクターは地上軍トルーパーズ、宇宙軍デス・スター・トルーパーズ、砲手、パイロットを擁するものとする。

デス・スターの人員に関しては通常の命令系統に属さないふたつの重要な構成要素について記さねばなるまい。ひとつ目は、皇帝の特使ともいうべきダース・ベイダー卿だ。ベイダー卿はグランドモフ・ターキンのみに対して答弁し、デス・スターに在する他のいかなる権威の支配下にも置かれない。ふたつ目はインペリアル・ストームトルーパーだ。地上軍、宇宙軍ともにストームトルーパーを招集することがあるだろうが、これらの兵士は宇宙軍、地上軍のどちらの管轄下にもないということを固く心に留め置きたい。ストームトルーパーの第一義的忠誠は皇帝陛下のみにあるからだ。

皇帝陛下がわざわざコルサントからお越しになることは滅多にないが、デス・スターに謁見室を設けるべし、というのが陛下の命である。陛下の訪問は確定されていると考えていいだろう。謁見室の準備はその気構えでなされなければならない。謁見室の保守と管理に関しても、コマンド・セクターがその任を負うことになろう。

← パルパティーン皇帝がデス・スターを訪れた場合、皇帝の謁見室はあらゆる意味でコマンド・セクターの頂点に位置することになる。

OVERBRIDGE オーバーブリッジ

広大な設置面積を有し、デス・スター上のワークステーションやデータファイルのすべてを監視したのがオーバーブリッジである。オーバーブリッジは要塞の三大司令官たるグランドモフ・ターキン、タッグ将軍、モッティ提督のために用意された中央司令センターだ。デス・スターのすべてのブリッジ、センサー・アレイ、通信センター、宇宙交通管制の情報は、セントラル・コンピューターを経由してオーバーブリッジ全体にくまなく設置されたモニターやホロプロジェクターに表示された。厳重に防備されたホロ通信ブースでは、グランドモフ・ターキンと皇帝、あるいはダース・ベイダーと皇帝間の個人通信が可能となっていた。

三大司令官の各々は、オーバーブリッジに自身のコマンド・ステーションおよび配下のオペレーション・チーフのためのステーションを置いた。オペレーション・チーフはさらに下位の士官やドロイド、選抜クルーを抱えており、それらの部下は実に真摯に任務に従事した。緊急事態発令時、オーバーブリッジは下位のコマンド・センターなどをすべてを切り離すことができ、デス・スター全体をコントロールすることが可能だった。

オーバーブリッジは通常時においてもデス・スター全体をある程度までコントロールすることができたが、各ゾーンのブリッジが個々に運用上の責任を持つ方が効率的である、というのが三大司令官の考えであった。また、皇帝の謁見室のみがオーバーブリッジに対して優先的立場をとることができた。デス・スターの設計陣は、オーバーブリッジが修理不能になる程損傷する可能性はまずないと想定していた。だが、不測の事態に備えてゾーン・ブリッジのうちのひとつか、あるいは謁見室で要塞をコントロール可能にしておくべきである、というのがパルパティーン皇帝の主張だった。

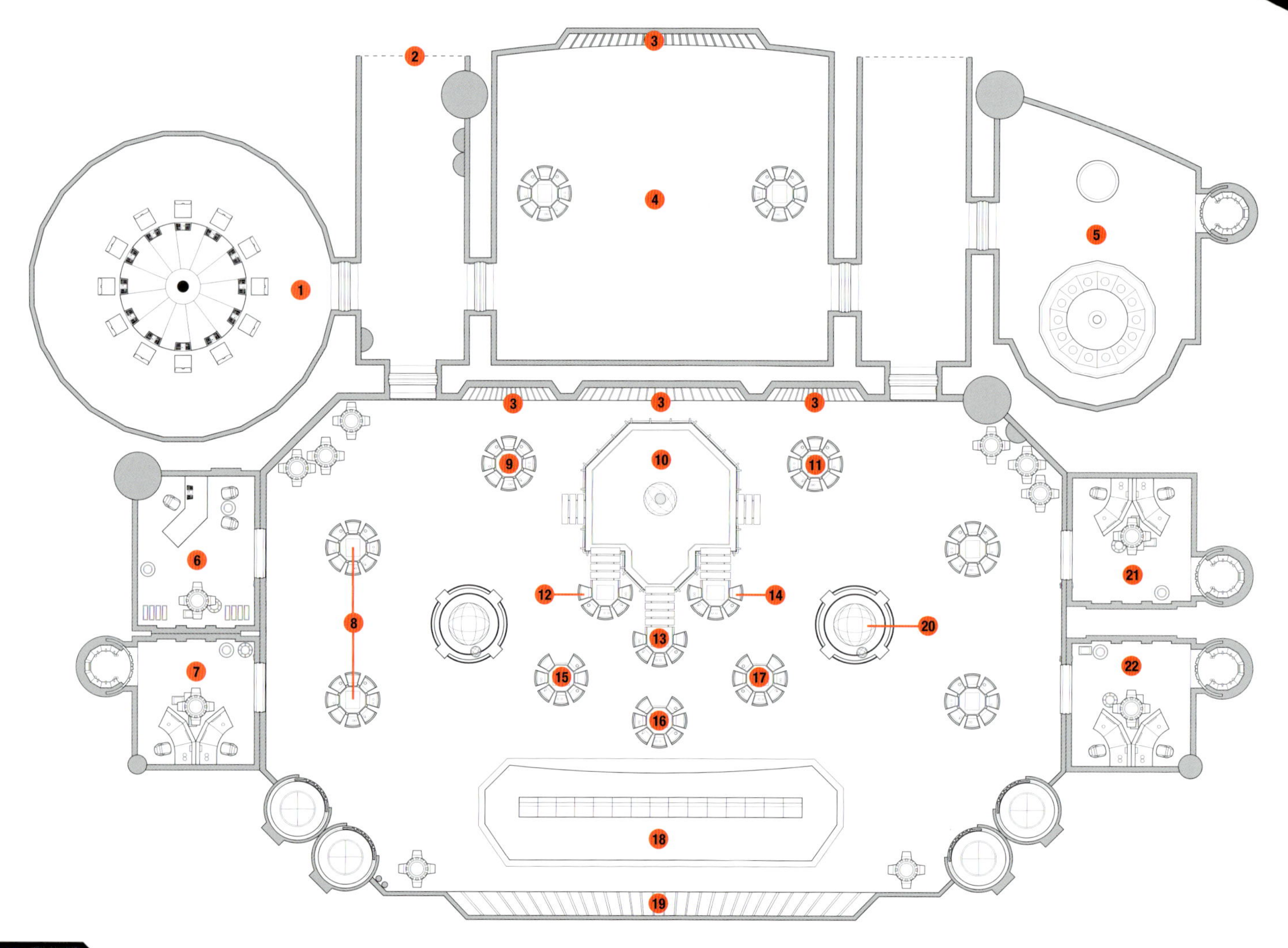

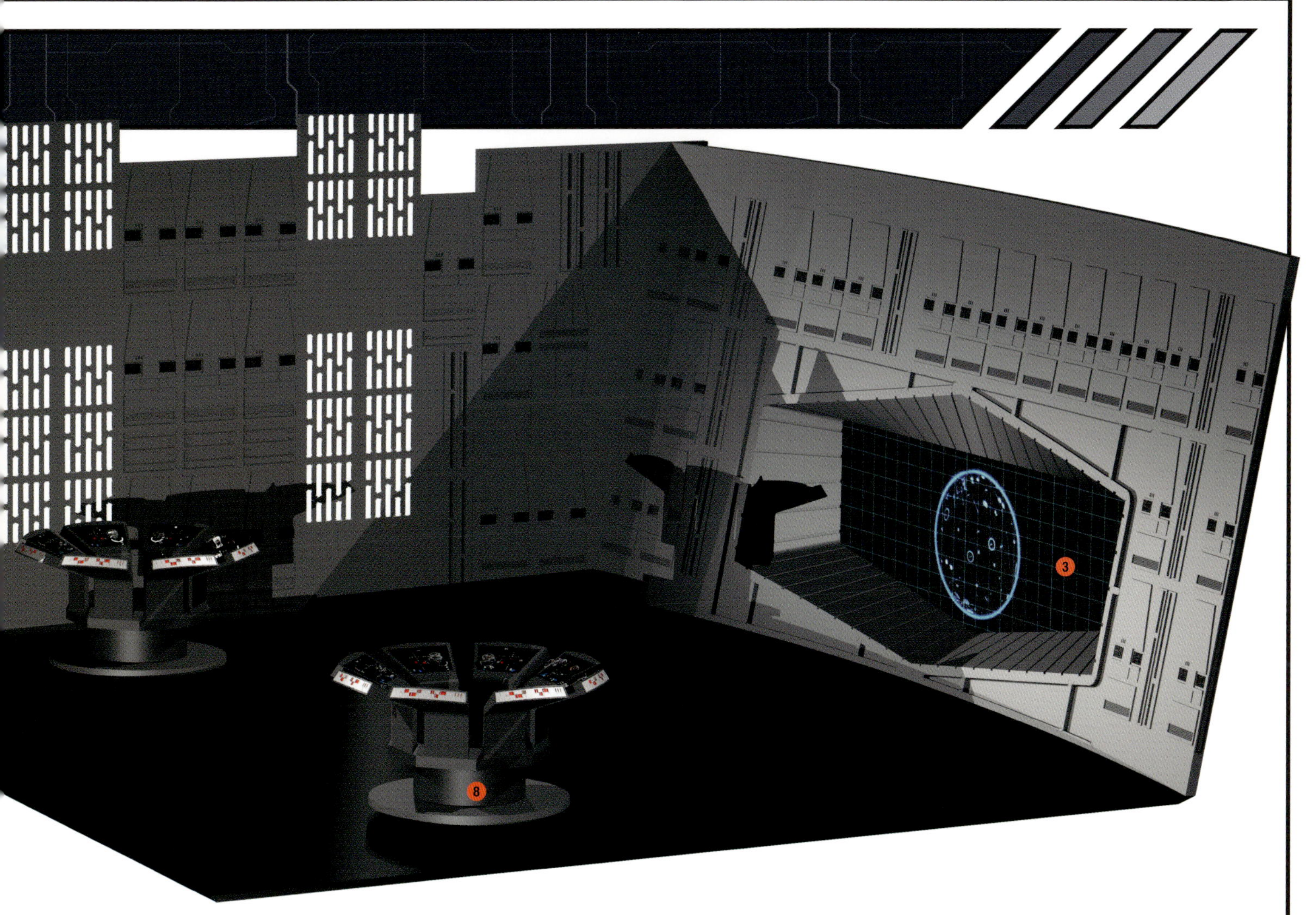

1. 会議室
2. コマンド・スタッフ・オフィス(複数)への入口
3. ビュースクリーン
4. コマンド・サンクタム(司令室)
5. 厳重に防備されたホロ・ブース
6. グランドモフのオフィス
7. 戦闘基地作戦司令部のオフィス
8. デューティ・ポスト
9. セキュリティ・ポスト
10. コマンド・プラットフォーム
11. ストームトルーパー・オフィサー・ポスト
12. 将軍のコマンド・ステーション
13. グランドモフのコマンド・ステーション
14. 提督のコマンド・ステーション
15. 地上軍作戦司令部のチーフ
16. 戦闘基地作戦司令部のチーフ
17. 宇宙軍作戦司令部のチーフ
18. デューティ・クルー・ピット
19. メイン・ビュースクリーン
20. 戦略ホロ・ディスプレイ
21. 宇宙軍作戦司令部のオフィス
22. 地上軍作戦司令部のオフィス

オペレーティング・オフィサーとクルーに関して付け加えると、12名のセキュリティ・オフィサーとガードがオーバーブリッジ内のデューティ・ポストにつき、三大司令官の安全を管理。さらには16名のストームトルーパーがオーバーブリッジに恒常的に駐在して治安の維持にあたり、クルーだけでなく士官に対しても、要塞の構成員すべてが皇帝の意思に対して仕えているのだ、ということを強く知らしめたのだ。

↑ 強固に防護されたコマンド・サンクタム。通常の要塞運用時における、この場所へのアクセスは最高ランクの将校のみに許されていた。

↓ グランドモフ・ターキン、モッティ提督、ダース・ベイダー、タッグ将軍はデス・スターのオーバーブリッジで話し合いを行った。

CONFERENCE ROOM 会議室

デス・スターのオーバーブリッジには会議室が隣接しており、その近くには三大司令官と、彼らの部下のオフィスが設置されていた。会議室は司令官たちによって使用され、日々の要塞運用や極秘情報についての話し合いが行われた。各ルームやオフィスにはプライバシー確保のためのセンサーや防音装置、周波数ジャマーなどが密かに仕込まれ、会話に関しては可能としつつも、同時に非認可の送信や記録は、効果的に遮断できる仕組みとなっていた。会議室に行くには4か所のセキュリティ・ポイントを通過しなければならず、要求されるセキュリティ・クリアランスのレベルが各ポイントごとに増すようになっている。また、会議中は2名のガードが最初から最後まで会議室に留まった。これはガードは静かに佇んでいることで、会議の出席者に帝国の権威を改めて印象づけるためでもあった。

会議室には大型の円卓があり、12の席がそれを囲んだ。円卓にはコンピューター・ターミナル（端末）とデータ・ディスプレイが内蔵され、その端末は戦闘状況を司令官たちに説明するために使われると同時に、デス・スターのセントラル・コマンド・コンピューターにもリンクされていた。円卓の中央には球形のホロプロジェクターが据えられ、攻撃目標や惑星、敵艦隊の隊形などの三次元モデルを映し出すことができる。

会議室にある円卓といえば、一般的にはある程度の民主主義性を想像させるが、デス・スターの会議室のテーブル席には厳しい序列があった。長めの背もたれが付いた椅子に座るのは帝国上級将校のグランドモフ・ターキンである。指揮系統でターキンの次に来る者が彼の脇に座った。そして、最も階級の低い士官がターキンの真向かい位置する末席に着いた。ダース・ベイダーが会議に出席した場合、席に座ることはめったになく、立ったままでいることを好んだ。

会議室の係員は高級参謀将校で構成されるチームが任命する。係員は端末に必要なメモの用意や、ホロモデルのプログラムのチェックなどをして会議の準備を行った。また、清掃は完璧を心がけ、さらに保安チェックを徹底した。会議の最中、係員は呼び出しの可能性に備えて近くの部屋で待機した。

↓帝国通信施設のひとつより入手したデータによれば、このデス・スターの会議室の画像は、ダース・ベイダーがタトゥイーン星系でプリンセス・レイア・オーガナを拿捕した直後に撮られたものだということである。

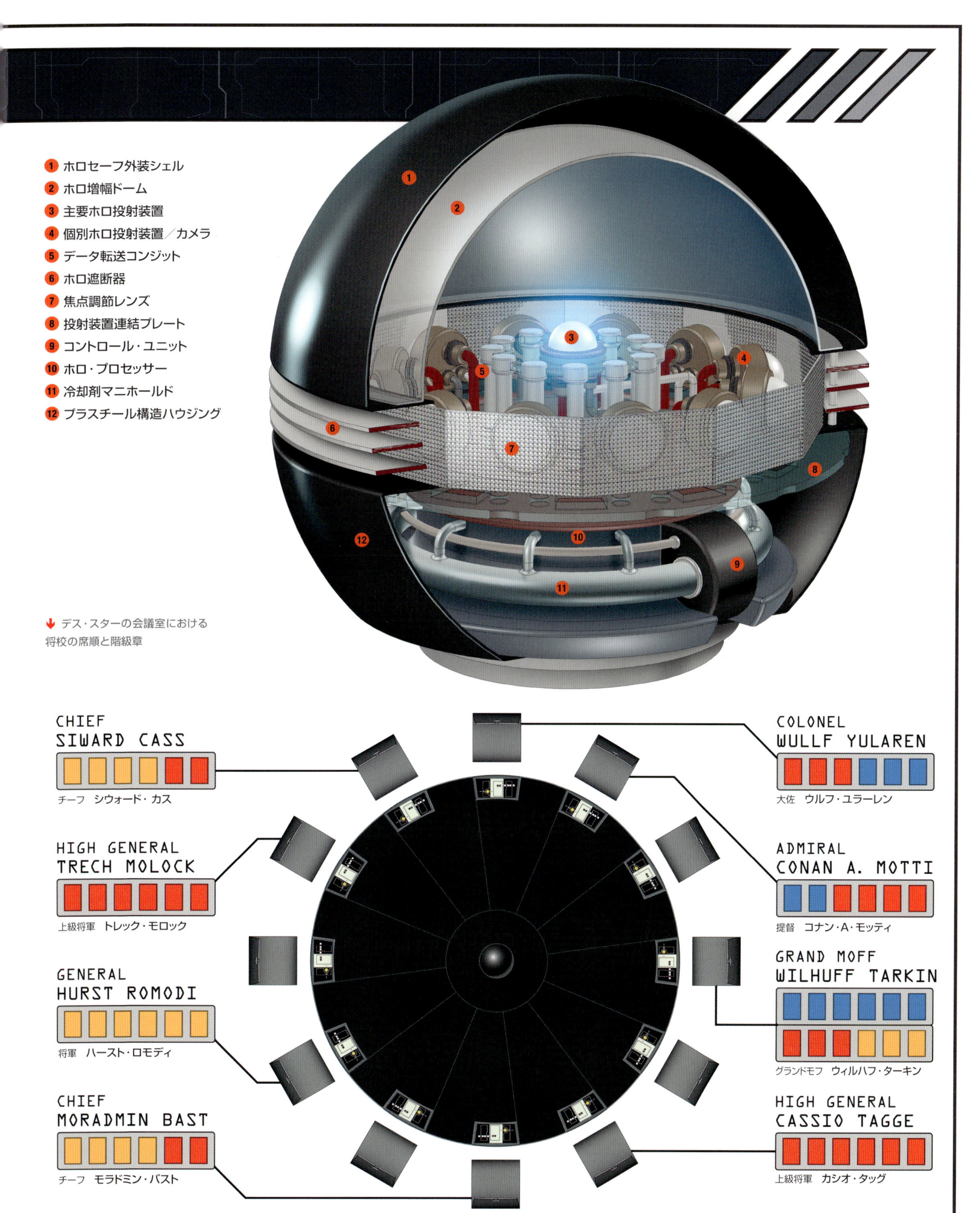

デス・スターの会議室における将校の席順と階級章

COMMAND SECTOR DUTY POSTS

デス・スターのコマンド・センター内のデューティ・ポストで任務遂行中のジャド・ビーン軍曹。帝国人事記録の身分証明照合による確認。

デス・スターにおいて、大尉級以上の士官によって運用されている司令用ステーションは、すべてコマンド・セクター・デューティ・ポストと呼ばれた。単体のデューティ・ポストはコマンディング・オフィサー1名が駐在して、配下のクルーを指揮したり命令を下したりする際に主として使用するコンソールで、機能としては「ミニ・ブリッジ」ともいえるものである。

各デューティ・ポスト・コンソールは、最高8基までのコントロール・ボードを装着できた。それぞれのデューティ・ポストに必要な仕事に特化したボードが4基で、残りが通信、損傷および診断、コンピューター・アクセス、デューティ・ポストをコントロールしているブリッジへのデータの直接入力をこなした。デューティ・ポストと8基のコンソール・ボードはコンソールのフレームに合わせて設計されており、フレームは伸長可能で、選択したコンソール・モジュールを横にスライドさせて引き出すことができた。その際、モジュールとモジュールの間には隙間が生じ、コマンディング・オフィサーはその隙間を使って出入りするようになっていた。

2名から4名のセキュリティ・ガードが典型的なコマンド・セクター・デューティ・ポストに配置された。コマンディング・オフィサーはデューティ・ポストの通信コンソールを利用して、追加のガードやストームトルーパーを呼び、もし必要が生じればではあるが、デス・スター・トルーパーまでも招集することができた。

デス・スター・コマンド・センターのシニア・ウォッチ・トルーパー、デレク・トレント軍曹。外部センサーのデータをモニターし、反乱同盟軍の活動の有無をチェックした。

コマンド・セクター・デューティ・ポスト(司令ステーション)

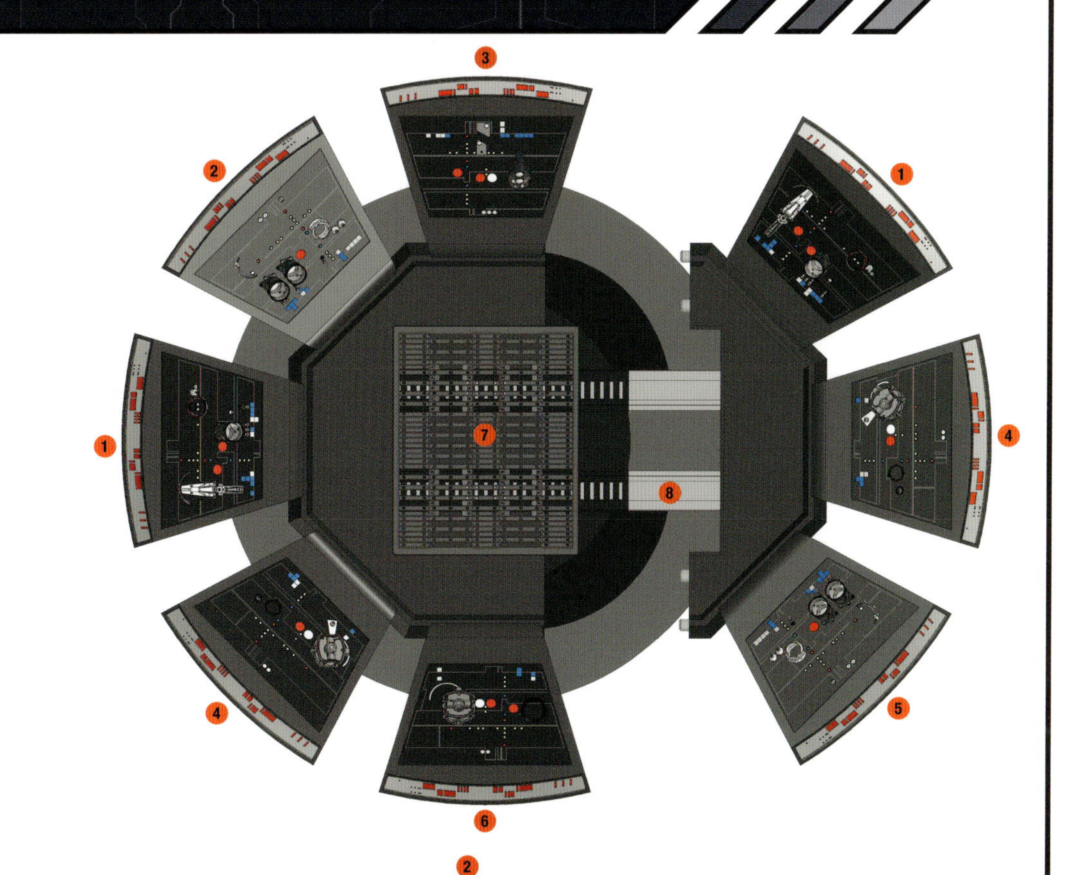

➔ 8基のコントロール・ボードを備えたデューティ・ポストの俯瞰図。ベース部が伸張することで、出入りが可能となっていた。

1 デューティ・モニター・モジュール
2 コンピューター・アクセス・モジュール
3 通信モジュール
4 コマンド・インターフェース・モジュール
5 二次コンピューター・アクセス・モジュール
6 ダメージ・コントロール・モジュール
7 通気口付きベース
8 伸張式ベース
9 モジュール状態表示インジケーター
10 指令権限認証装置
11 保安用封鎖コントロール
12 ビュースクリーン
13 処理状況インジケーター
14 保安対策済みコムリンク

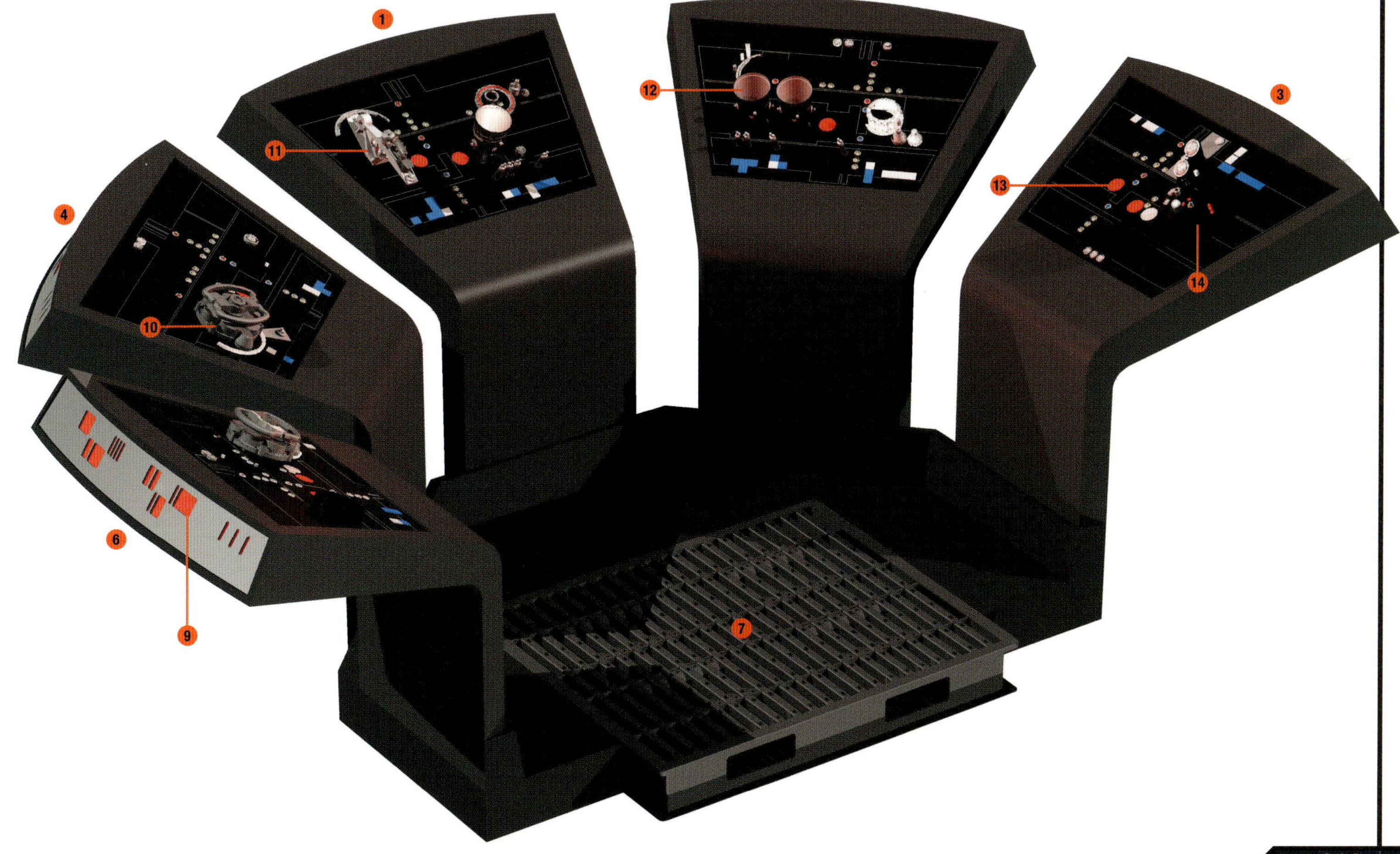

第2デス・スター

ボサン・トレード・ミッション総領事補佐、コス・メランからドロイド・メッセンジャーによって反乱同盟軍リーダー、プリンセス・レイア・オーガナ宛に送られたメッセージ（機密扱い解除済み）：

「ご挨拶申し上げます、プリンセス・レイア。私の名はコス・メラン、母星ボサウイよりこれを送ります。我々のスパイ・ネットワークが反乱同盟軍にとって重要な情報をキャッチしました。そして、データの重大性と緊急性に鑑み、このメッセンジャー・ドロイドを送ることが妥当であると判断しました。すぐにボサウイに来てください。これは誇張などではありません。時間がすべてです。私はインターギャラクティック・トレード・ミッションに５日間滞在予定ですが、反乱同盟軍はこの間に動く必要があります。さもなければ、情報は失われてしまうかもしれないのです」

プリンセス・レイア・オーガナが同志の反乱同盟軍指導者達に宛てたメッセージの抜粋：

「コス・メラン配下のボサン・エージェントが掴んだところによると、帝国は新たな軍事計画を発足させた模様。皇帝はこの計画のために巨額の資金、資材、人材を動かしているとのこと。残念ながら、ボサン・エージェントもこの問題を覆い隠している秘密のベールをはぎ取るまでには至ってはいません」

「しかしながら、コルサントにある皇帝のコンピューター・データ庫にはこの計画の設計書が保管されており、これらの計画書が別のコンピューターにコピーされ、さらにはボサウイに転送された後、当該惑星に配備されている帝国諜報機関の重要人員に配布される予定であることを突き止めました。もし、ボサンらがこれを入手し、セキュリティ・コードを解除できれば、帝国の秘密が白日の下にさらされることになるでしょう」

「躊躇されているようなら念のため申し上げますが、コス・メランはこの情報の代価を要求してはおりません。すでに明白なことですが、ボサンは我々の同志なのです」

← 辺境のエンドア星系で建造中の第2デス・スター。一見、反乱同盟軍にとって緊急の脅威とは映らなかったものの、これが建設されている場所そのものに加え、要塞が未完成状態であるということ自体が、皇帝の目論んだ綿密な罠の一部であった。

VIEWS 第2デス・スター 全体図

ヤヴィンにおける初代デス・スターの崩壊後、パルパティーン皇帝は設計者のベヴェル・レメリスクに対し、より高性能の戦闘要塞を作るよう命じた。しかも、新型要塞のハイパーマター反応炉には超巨星を何百も合わせたものに匹敵するような出力を要求し、さらに、より高速のハイパードライブを組込むことも厳命した。

レメリスクはオリジナルの設計にあった最大最悪の欠陥をすぐさま修正した。要塞から大量の余剰熱を排出する方法として、排熱口に頼るのではなく、熱を反応炉コアから要塞表面まで運んで流すことのできる何百万本というミリメートル幅の熱拡散ダクトを代わりに使うことにしたのだ。これにより、要塞の装甲からは弱点が完全に取り去られた。もしダクト群が攻撃を受け、いかなる高エネルギー・パルスにさらされようと、エネルギー・パルスがコアに到達する前に、装備されたエマージェンシー・バッフルがそれを抑え込むようになっていた。

レメリスクはまた、スーパーレーザーの威力を上げ、発射間隔を狭め、加えて射撃精度も上げるよう言い渡された。初代デス・スターのエネルギー再充填時間は24時間であったが、第2デス・スターのそれは数分へと短縮された。また、照準システムとパワー=コントロール・システムも改良され、敵主力艦といった比較的小型の移動するターゲットにも照準を合わせることが可能となった。

新型スーパーレーザーとそのドライブ・システムには、より大型のパワー・ジェネレーターが要求され、それは要塞のさらなる大型化を促したのだ。これにより、完成形の直径は160キロメートル、体積はオリジナルの2倍以上となった。そして、レメリスクのプランには、対スターファイターおよび主力艦兵器として、30,000基以上のターボレーザー、7,500基のレーザー砲、5,000基のイオン砲が用意された。

第2デス・スターは森林衛星エンドアの軌道上に建造された。数々の改良を施された新型要塞ではあったが、欠陥がまだひとつ残されていた。それは、皇帝が自信過剰に陥っていたという点である。皇帝は自惚れから、反乱同盟軍に要塞を破壊する隙を与えてしまったのだ。第2デス・スターは爆発四散し、これが帝国滅亡を告げる弔鐘の音となった。

SPECIFICATIONS 仕様

名称：第2デス・スター 戦闘要塞
製造：帝国軍事研究部門
直径：160キロメートル（99.4マイル）超
ハイパードライブ：クラス3.0
ハイパードライブ・バックアップ：20
シールド：装備
ナビゲーション・システム：ナビコンピューター
武装：スーパーレーザー、ターボレーザー砲塔15,000基、重ターボレーザー15,000基、レーザー砲 7,500門、イオン砲5,000門、トラクタービーム投射装置1500基
人員：乗員485,560名；砲手152,275名；兵員1,295,950名；ストームトルーパー127,570名；技士75,860名；支援パイロットおよびクルー334,432名
貨物：100万キロトン以上
消耗品：3年分
コスト：不明

ASSEMBLY VEHICLES & DROIDS 組立作業用ビークル&ドロイド

インペリアル・マスティケーター（粉砕機）は、小惑星を捕獲および粉砕して原材料に変える機能を持つ球体の宇宙艇で、トレード・フェデレーション・バトルシップの建造に使われたジオノージアン・マスティケーターの設計をベースに生み出された。インペリアル・マスティケーターはその原材料を被加工材の形にまで仕上げる能力を持ち、これによってそれらをすぐに外殻プレート成形機にかけることが可能となっている。

マスティケーターにおける一連の作業工程を説明すると以下のようになる。各機はトラクター・ビーム発生装置および投射装置を備え、それによって小惑星を破砕機構の取り込み口まで引き寄せる。取り込み口は融合反応炉による動力で稼働し、そこにはデュラスチール製の回転歯が組み込まれていて、それが小惑星を小片にまで噛み砕く。粉砕された原料は次に合金用鉱石と混合される。なお、合金用鉱石の例としては、惑星デスペイヤーで採掘されていたクアダニウムが有名であろう。結果できあがった砂利には水が添加され、そこにさらなる高圧が加えられて半液体混合物が出来上がると、製錬機へと繋がるパイプラインへと流される。製錬機とはつまるところ巨大溶鉱炉であり、混合物に含まれる不純物はここでの燃焼により除去され、成形機へと送られる。そして、最後に成形機が外殻用プレートを押し出して完成となる。残ったスラグ（鉱滓）はまとめて星系の中心恒星へ向け、射出されるようになっていた。

インペリアル・マスティケーターの機能は、原材料を加工するだけではなかった。機体には複数の大型ユーティリティ・アームとドッキング・アームが備わっており、デス・スターの上部構造体に対して直接作業を行うことができるようになっていた。

マスティケーターをフル活用するつもりでいたベヴェル・レメリスクは、それらを比較的簡単に分解できるよう設計していた。デス・スターの最終建造行程において、分けられた部品を再構成し、要塞に組込んで使用するためである。

インペリアル外殻プレート成形機（HPES）

亜光速エンジンを備えたインペリアル外殻プレート成形機（HPES）は軌道上に設置された製造施設で、インペリアル・スター・デストロイヤーや他の大型宇宙船用として、複雑に交差した部材を作り出すことができた。デス・スターの設計陣は大型かつ湾曲したデュラスチール製プレートを成型できるようHPESをプログラム。こうして出来上がった資材は要塞の表面構造物を支えると同時に、地下レベルも保護する能力を備えるものとなった。

↓ 小惑星帯から原材料を収集し、加工を施すインペリアル・マスティケーター。これらはインペリアル外殻プレート成形機と協力して作業を行い、要塞建造に従事した。

AT-CT
（全地形対応建造トランスポート）

辺境惑星における大規模な建設計画などで使用されるAT-CT（全地形対応建造トランスポート）には先進的なトラクター・ビーム技術が搭載されており、操縦者はそれを使うことで重量物を簡単に持ち上げ、操り、移動させることが可能である。デス・スターの建造クルーは、重い資材を的確な場所に設置させる作業などでAT-CTを活用した。

➔ デス・スターの上部構造における巨大開口部。これは要塞建造期間中、ビークルやドロイドのための通用口として活用された。

➘ AT-CTは帝国軍事研究部門の監督下、クワット・ドライブ・ヤードによって製造された。これにはAT-ST（全地形対応偵察トランスポート）の技術と部品が利用されており、与圧コクピットのおかげでパイロットは真空の環境でも操作が可能となっていた。

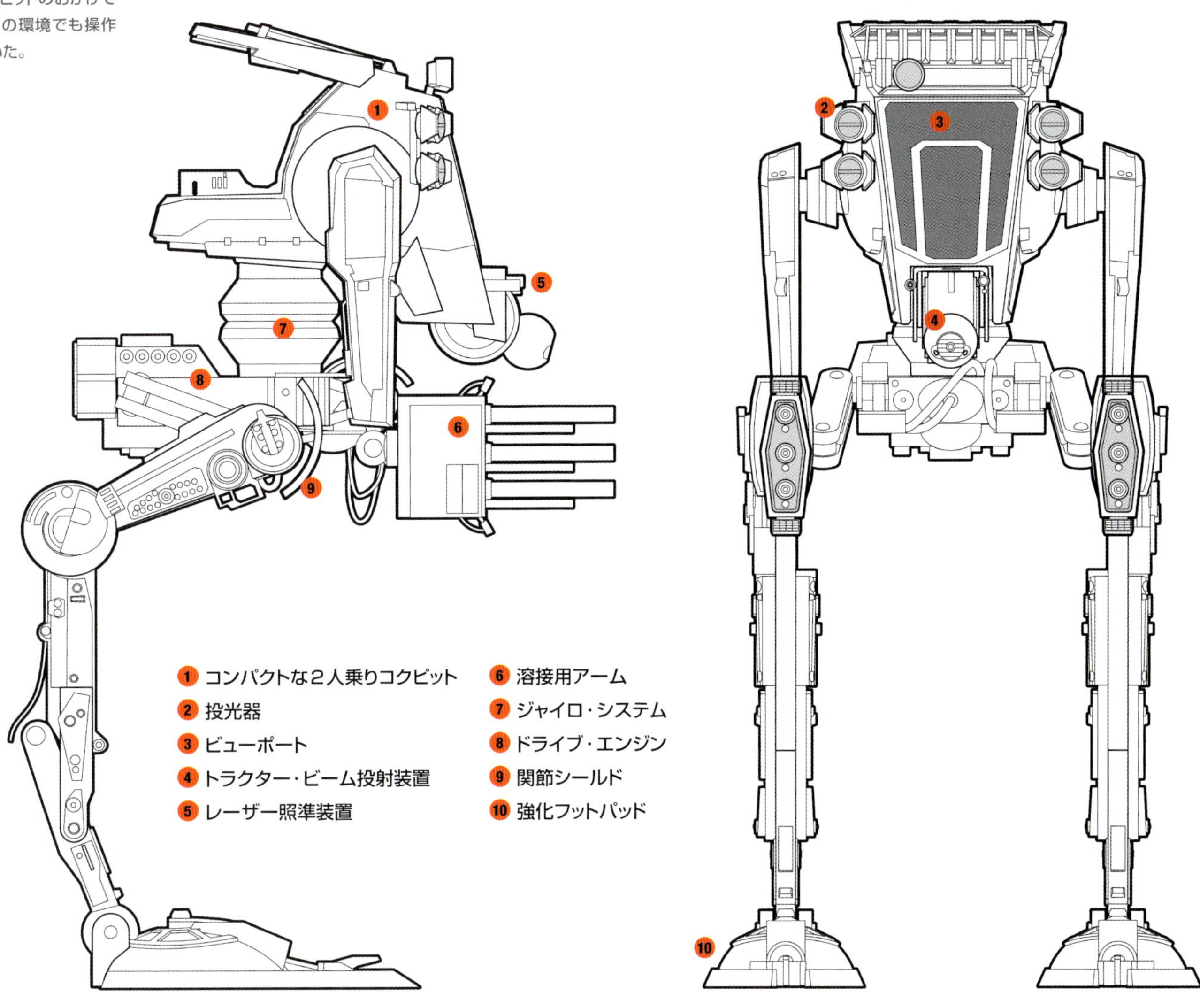

1. コンパクトな２人乗りコクピット
2. 投光器
3. ビューポート
4. トラクター・ビーム投射装置
5. レーザー照準装置
6. 溶接用アーム
7. ジャイロ・システム
8. ドライブ・エンジン
9. 関節シールド
10. 強化フットパッド

PLANETARY SHIELD GENERATOR 惑星シールド発生装置

第2デス・スターは森林衛星エンドアの軌道上で建造されている間、インペリアル・スター・デストロイヤーや他の戦闘艦による護衛を受けていた。だが、実際に要塞防御の要となっていたのは、コマーSLD-26という名のたった1基の惑星シールド発生装置だった。惑星シールドとは、他のどんな標準的なディフレクター・シールド・システムよりも強力なフォース・フィールド（力場）で、物理およびエネルギーの両攻撃を無効化できる技術である。多層化された荷電エネルギーはターボレーザー光弾を消散させ、接触したスペース・デブリを破壊できるだけでなく、震盪ミサイルや小惑星、彗星、あらゆるサイズの敵艦船といったさまざまな物体の貫通を阻止する力がある。実際、宇宙船が惑星シールドに衝突すれば、それがどんなものであろうと宇宙の藻屑となってしまうことは確実だ。

森林衛星の地表に建造されたSLD-26惑星シールド発生装置は、ディッシュ・ネットワーク、地下に作られたジェネレーター、高所に設置された直径70キロメートル（43マイル）の円形シールド・プロジェクター複合体から構成されている。惑星シールド発生装置は軌道上の第2デス・スターをすっぽりと包み込むエネルギー・スクリーンを投射するパワーを有している一方、警護は対人および対ビークル砲塔群といった規模のもので容易に事足りるようになっていた。なお、このエネルギー・スクリーンを貫通可能な武器はスーパーレーザーしかなかった。惑星シールド発生装置によって張られたエネルギー・スクリーンは強大な破壊力を有し、かつ透明であるため、攻撃用の武器としても使用できる。つまり、エネルギー・スクリーンとの接触を避ける方法としてセンサーの探査能力に頼るしかない敵パイロットに対し、敵センサーをかく乱あるいは遮断することができれば、惑星シールドの存在を隠すことが可能だということだ。帝国はエンドアの戦いでこの戦術を使ったため、数多くの反乱軍機が危機的状況に陥ることになった。

↓ 帝国軍によってエンドアに建造された高架着陸プラットフォーム。帝国のシャトルやその他宇宙船のために用意された。プラットフォームの支柱にはターボリフトが組込まれており、通路やキャットウォーク（高所に設置された通路）へと続いていた。また、こうした通路は最終的にはAT-AT（全地形対応装甲トランスポート）のローディング・ガントリーへと繋がっていた。

1 放射アンテナ
2 増幅プロジェクター
3 投射シールド収束装置
4 シールド投射装置
5 焦点ディッシュ
6 投射リレー
7 増幅グリッド
8 投射調整装置
9 キャパシテーター・バンク
10 パワー・コア
11 タービン・ジェネレーター

← 惑星シールド発生装置の三次元回路図を奪取したことで、反乱同盟軍は第2デス・スターの破壊計画を立てることが可能となった。

↓ スカウト・トルーパーがガードする、デュラスチール・プレートの補強が入った頑丈なバンカー(掩体壕)。これはシールド・ジェネレーターのコントロール・ルームとパワー・ジェネレーターへと通じる裏口として機能する。

↓ エンドアの地下に帝国が建造した、メインおよびバックアップ・ジェネレーター施設。巨大な防御シールド投射装置に動力を供給した。

THRONE ROOM 謁見室

第2デス・スターにある高層タワーの最上レベルには皇帝用の謁見室が設けられた。謁見室は周囲を装甲球体で覆った完璧な機能を持つ司令センターで、皇帝はそこから要塞のあらゆるエリアを制御、監視できるだけでなく、すべての場所と通信することができた。謁見室には玉座が置かれており、そこに仕込まれた装置は皇帝固有の身体および精神パターンに合わせて調整が施され、皇帝本人に対してのみ応答する仕組みであった。大型の展望窓からは要塞の威容が確認でき、それを取り巻く広大な宇宙の眺めも一望できるようになっていた。タワーは要塞の中でも最も強固に防護された部分で、その外殻は攻撃された場合を考慮し、二重に補強され、タワーを外部から破壊することは実質的に不可能だった。さらに、タワーが何らかの理由で構造的に損傷した場合を想定し、非常用謁見室を内蔵した装甲球体が1基、タワーの真下に設置された。

謁見室のメイン・エリアは3つのレベルに分かれていた。幅の狭い監視用ガントリーが中央フロアの上部を走っており、これがタワーの全階層を行き来するターボリフト・シャフトと繋がっていた。そのシャフトはより大口径の縦穴の中を通っており、何キロメートルも続くその穴は、最終的に第2デス・スターの主反応炉コアに繋がっていた。

皇帝用居住施設および皇帝の個人用ボディ・ガードのための居住施設は、謁見室よりも下層に作られた。皇帝が不在の場合、ストームトルーパー4分隊が謁見室を警護し、皇帝の滞在中はストームトルーパーの代わりにインペリアル・ロイヤル・ガード4分隊が守った。

望まれざる訪問者を避ける目的で、皇帝の謁見室と居住施設に通じるすべての通路には、多数のトラップや保安機構が組込まれた。タワーのターボリフトは制限区域となっており、ここに通じる通路に近づく者には、足を踏み入れる前に認証コードの入力が要求される。認証に失敗した場合、その者は即座に逮捕されるか、あるいはレーザーによって処刑された。

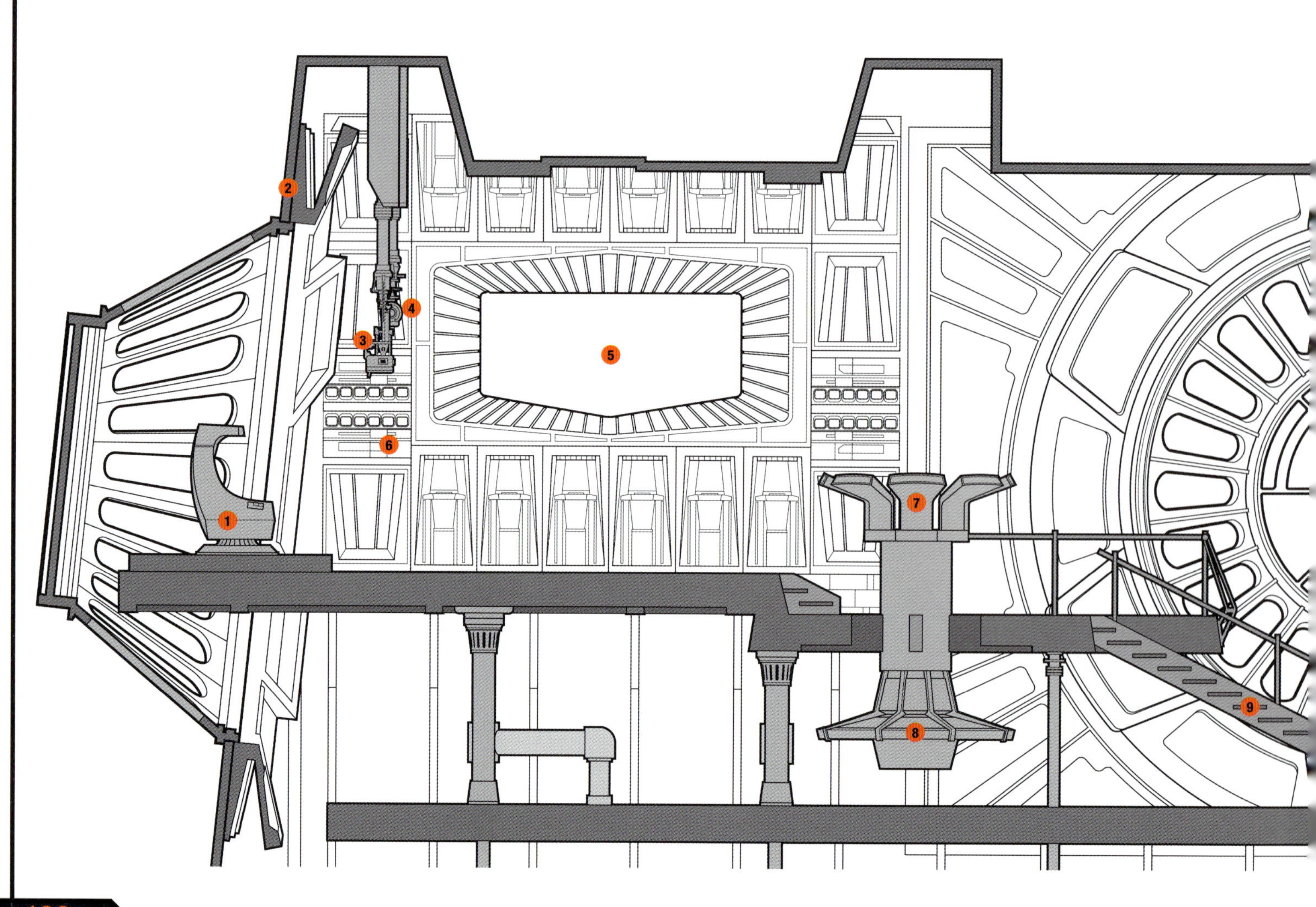

コマンド・シート（司令席）

皇帝の玉座には個人用ディフレクター・シールド発生装置1基と多層型超高密度合金装甲が密かに組込まれていた。肘掛けのひとつにはコントロール・パネルが取り付けられ、それによってこの大きな玉座が回転した。このパネルには通信リンクを形成するビーム光を出す機能もあり、インペリアル・ガード、ダース・ベイダー、デス・スターの司令官、帝国諮問委員などを呼集できるようになっていた。謁見室の上部レベルおよび下部レベルにわたって、設置された広いコントロール・コンソールは、少人数のスタッフでの運用が可能で、このタワーから要塞の全機能をオーバーライドすることが可能だった。

1. 玉座
2. 強化外殻
3. 照準ビューワー
4. ホロカム／プロジェクター
5. ビュースクリーン
6. ディスプレイ・コンソール
7. デューティ・ポスト
8. 下部コンソール
9. 階段
10. キャットウォーク（高所通路）
11. トランスパリスチール製ビューポート
12. ターボリフトへ通じる橋梁

↑ パルパティーン皇帝は回転機構を備えた玉座に腰を下ろし、謁見室を隅から隅までくまなく見回した。

↓ シールドで守られたタワーと、ターボリフト脇に配置された皇帝のロイヤル・ガード。

SIZE COMPARISON CHART

サイズ比較チャート

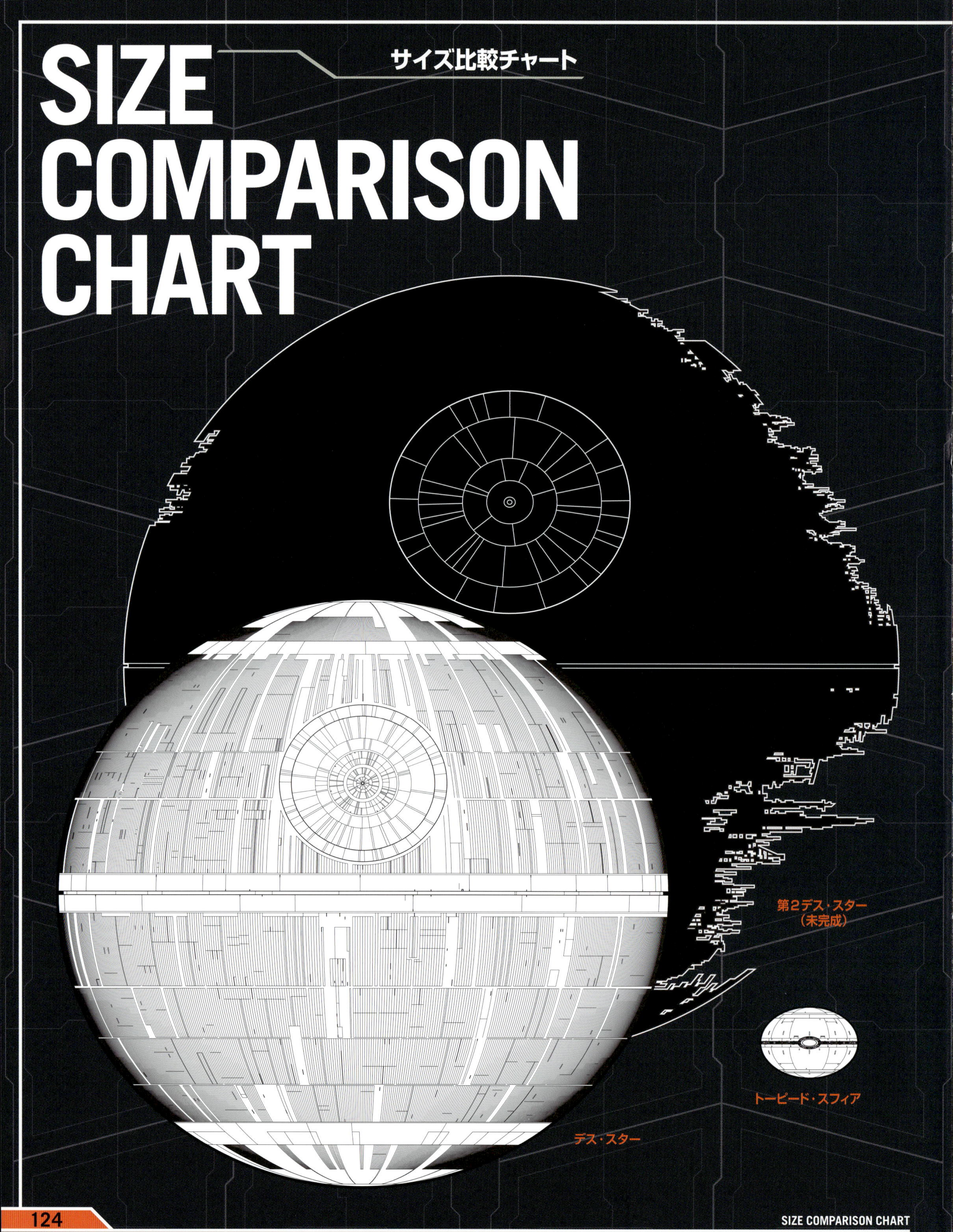

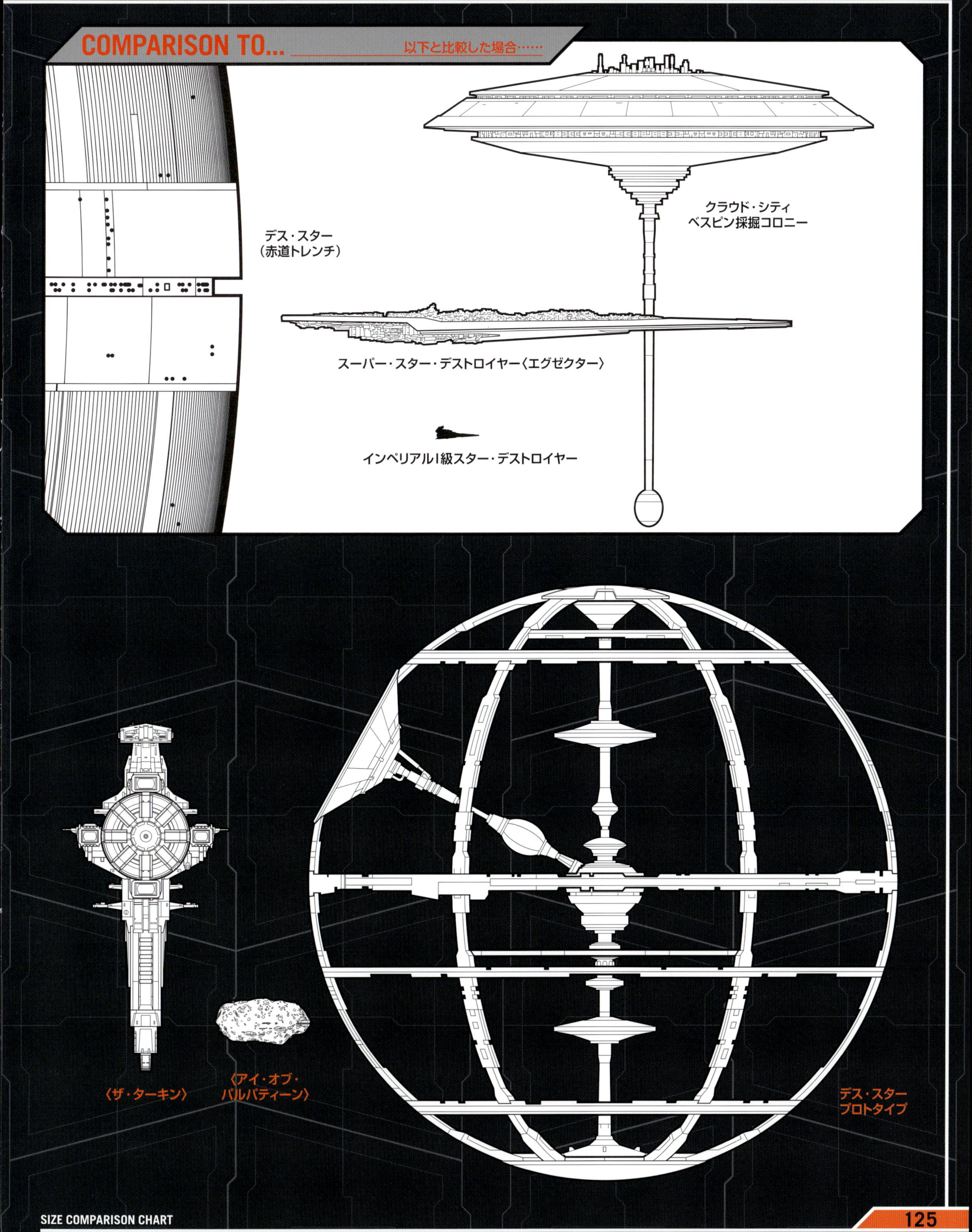
COMPARISON TO...
以下と比較した場合……
クラウド・シティ
ベスピン採掘コロニー
デス・スター
（赤道トレンチ）
スーパー・スター・デストロイヤー〈エグゼクター〉
インペリアルI級スター・デストロイヤー
〈ザ・ターキン〉
〈アイ・オブ・
パルパティーン〉
デス・スター
プロトタイプ

ACKNOWLEDGMENTS 謝辞

我々、著者およびイラストレーターは過去に出版された数多くのスター・ウォーズ小説やテクニカル・マニュアルあるいはゲーム・ブックに記載されたデス・スター関連の情報を活用し、本書を完成させた。中でもビル・スラヴィセックによる『Star Wars: Death Star Technical Companion』（1991）はとくに有用であったことを記しておきたい。他には下記の書籍を参考とした：ビル・スラヴィセック&カーティス・スミス著『Star Wars Sourcebook』、マイケル・スターン&ポール・スドロウ著『Star Wars Galaxy Guide 1: A New Hope』、マイケル・スターン&ジョージ・ストレイトン著『Star Wars Galaxy Guide 5: Return of the Jedi』、グレッグ・ゴードン著『Star Wars: Imperial Sourcebook』、ダニエル・ウォーレス著『Star Wars: The New Essential Guide to Characters』、ビル・スミス&トロイ・ヴィジル著『Star Wars: The Essential Guide to Vehicles and Vessels』『Star Wars: The Essential Guide to Weapons and Technology』、シェイン・ジョンソン著『Star Wars Technical Journal』、デイヴィッド・ウエスト・レイノルズ&ハンス・ジェンセン&リチャード・チェイスモア著『スター・ウォーズ クロスセクション』、スティーヴン・J・サンスイート&パブロ・ヒダルゴ（執筆協力：ボブ・ヴィタス、ダニエル・ウォーレス、クリス・キャシディ、メアリー・フランクリン、ジョン・クーシンス）著『The Complete Star Wars Encyclopedia』、マイケル・リーヴス&スティーヴ・ペリー著『スター・ウォーズ デス・スター〈上〉〈下〉』、J・W・リンズラー著『スター・ウォーズ　ザ・ブループリント』

さらに以下の方々にも多くの参考となる意見や文献をもって、このプロジェクトに協力していただいた。まったくもって感謝の念に絶えないことをここに記しておきたい：ガス・ロペス、フィリップ・ワイズ、マイケル・アーウィン、ダレン・ムラー、コール・ホートン、ティニー・パンガニバン、ガイ・ヴァーダマン、ザック・スペンサー、マーカス・トンプソン、ジャン=フランソワ・ボアヴァン、そしてルーカス・フィルムにおける我々の友人であるリーランド・チー、パブロ・ヒダルゴ、ステーシー・レオン、ジョナサン・リンズラー。

また以下の諸氏にもスター・ウォーズ映画に登場するデス・スターに対しての非常に重要なる貢献において感謝の念を表したい：ジョージ・ルーカス、ジョン・バリー、ジョー・ジョンストン、ラルフ・マクォーリー、ローン・ピーターソン、ノーマン・レイノルズ、および各氏の仕事仲間。

RYDER WINDHAM
ライダー・ウィンダム

ダーク・ホース・コミックス社の元編集者であり、50以上ものスター・ウォーズ関連書籍の著者でもある。アーティスト、クリス・トレヴァスおよびクリス・リーフとの共著には『Star Wars Blueprints: The Ultimate Collection』『Star Wars Blueprints: Rebel Edition』『スター・ウォーズ 3D大図解：ミレニアム・ファルコン』『スター・ウォーズ：ミレニアム・ファルコン　メカニック・マニュアル』がある。米国ロードアイランド州プロヴィデンスに家族と共に在住。

CHRIS REIFF
クリス・リーフ

玩具デザイナーであり発明家。マーベルやディズニーといった企業の認可のもと、スター・ウォーズ関連の正規プロジェクトに過去17年間にわたり参加している。イラストレーターとしての仕事には、Chronicle Books社の『The Bounty Hunter Code』『Star Wars Lightsaber Thumb Wrestling』がある。「ドッグ」という名の愛犬や自ら作製したR2-D2のフルサイズ・レプリカと共に米国オハイオ州シンシナティに在住。
www.chrisreiff.com

CHRIS TREVAS
クリス・トレヴァス

1995年以来、スター・ウォーズ・ユニバースにおける仕事でプロフェッショナル・イラストレーターとして活躍。限定ファイン・アート・プリントから流れるような筆致のペン画まで、さまざまなタイプのイラストを紡ぎ出す。LucasBooks社の『Star Wars: The Essential Reader's Companion』や『スター・ウォーズ 3D大図解：ダース・ヴェイダー』のイラストも手がけている。米国ミシガン州ビバリーヒルズに妻と3人の娘と共に在住。
www.christrevas.com

←『デス・スターとの戦い（球体型要塞に突っ込む宇宙戦闘機）』(1975)はアーティストのラルフ・マクォーリーがスター・ウォーズのために描いた最初のデス・スターのコンセプト・ペインティングだった。この絵は出版物では上下反転して載ることが多かったが、マクォーリーが意図したのは左記のかたちである。

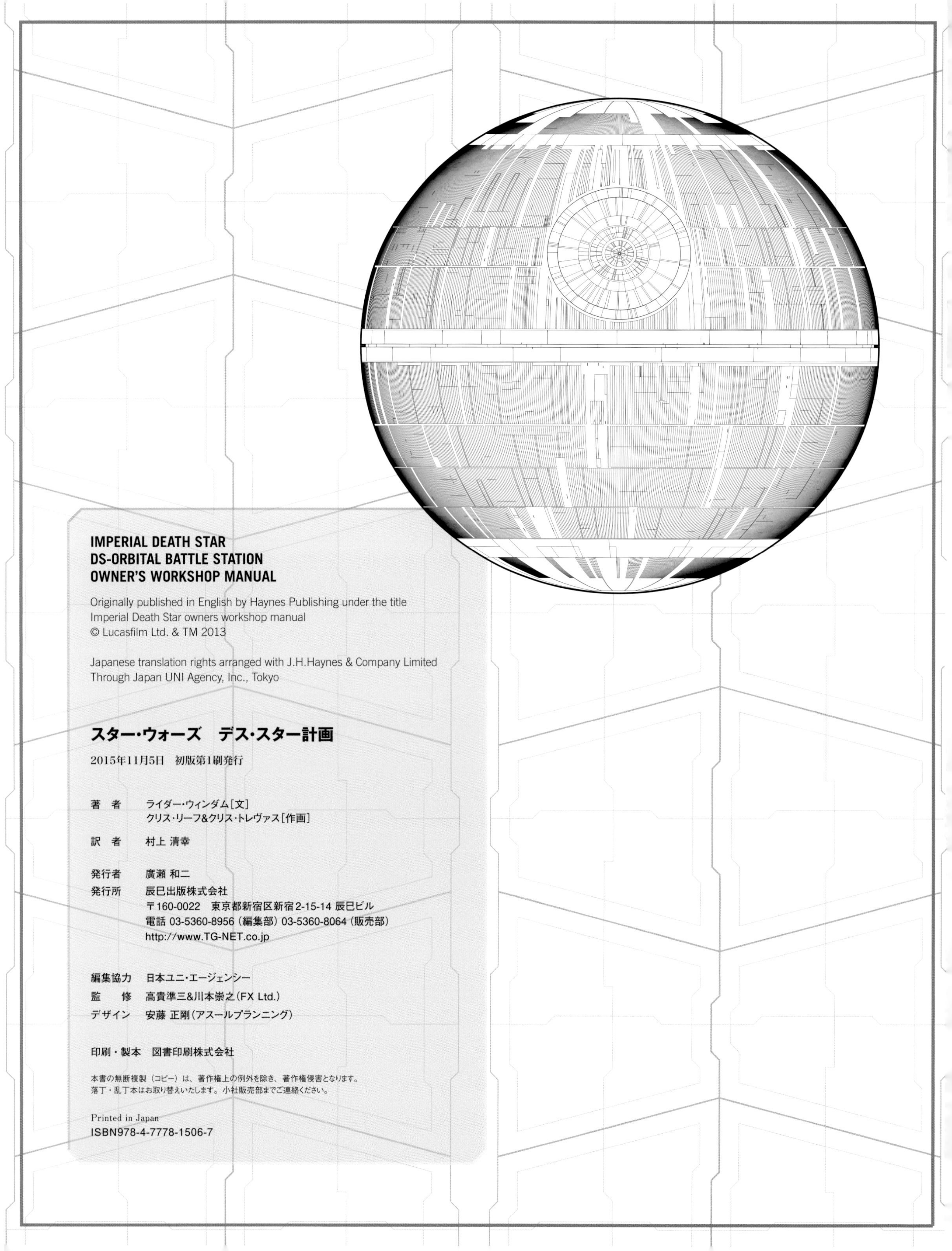

IMPERIAL DEATH STAR
DS-ORBITAL BATTLE STATION
OWNER'S WORKSHOP MANUAL

Originally published in English by Haynes Publishing under the title
Imperial Death Star owners workshop manual

Japanese translation rights arranged with J.H.Haynes & Company Limited
Through Japan UNI Agency, Inc., Tokyo

スター・ウォーズ　デス・スター計画

2015年11月5日　初版第1刷発行

著　者　ライダー・ウィンダム［文］
　　　　クリス・リーフ&クリス・トレヴァス［作画］

訳　者　村上 清幸

発行者　廣瀬 和二
発行所　辰巳出版株式会社
　　　　〒160-0022　東京都新宿区新宿2-15-14 辰巳ビル
　　　　電話 03-5360-8956（編集部）03-5360-8064（販売部）
　　　　http://www.TG-NET.co.jp

編集協力　日本ユニ・エージェンシー
監　修　高貴準三&川本崇之（FX Ltd.）
デザイン　安藤 正剛（アスールプランニング）

印刷・製本　図書印刷株式会社

Printed in Japan
ISBN978-4-7778-1506-7